企鹅人生

PENGUIN
LIVES

西蒙娜·韦伊

〔美〕弗朗辛·杜·普莱西克斯·格雷 著
韩红梅 译

Simone Weil

生活·讀書·新知 三联书店

献给

自由法国的空军中尉贝特朗·杜·普莱西克斯

1902—1940

那些死去的人们是幸福的，

他们重返苍茫大地，再次成为可塑的泥土。

那些死去的人们是幸福的，

假如他们死于一场正义的战争。

那些成熟的，捆扎起来的麦子，

是幸福的……

那些战死沙场的古人

是幸福的。

那些纯洁的圣器与加冕的国王

是幸福的。

——夏尔·佩吉（Charles Péguy）

目　录

Home

一　家乡

十二岁的西蒙娜·韦伊

天才制造厂

20世纪初叶，在巴黎有两个懂得知足的孩子渐渐长大了。他们的家里禁止一切玩具和洋娃娃，因为孩子的母亲有意要在智力方面培养他们的才能，而她这种办法显然奏效了。老大安德烈·韦伊（André Weil）出生于1906年，九岁时已经在解答高难度数学题，十二岁时已经自学了古希腊语和梵语，同时还成了一个非常出色的小提琴手。妹妹西蒙娜·韦伊（Simone Weil）漂亮迷人，有一双清澈的黑眼睛。她比哥哥小三岁，五岁时能给全家高声朗读晚报，十几岁就掌握了希腊语和其他几种现代语言。兄妹俩常常即兴用押韵的对句或古希腊语交流。背诵高乃依（Corneille）或拉辛（Racine）的剧本片段时，谁出了错漏都会被对方以扇耳光的方式纠正。他们生活在一个不受外界干扰的纯净世界——兄妹俩的谈话，尽管从未有意排除他人，却涉猎文哲，引经据典，使外人几乎无从参与。例如，谁能想到，西蒙娜·韦伊背诵拉辛《费德尔》（*Phèdre*）中希波吕忒（Hippolyte）哀叹的片段，是为了告诉哥哥她已经完成拉丁语作文，只等他写完微积分作业后两人一起研究埃斯库罗斯？

像很多家庭一样，韦伊家的传奇始于美满家庭的神话。在夫妇俩一帆风顺的生命里，一双儿女的卓越天资可能已是最值得骄傲的了，但事实还要更青睐他们。贝纳德·韦伊（Bernard Weil）医生的内科诊所自开业以来一直生意兴隆。妻子塞尔玛（Selma）智力超群、热爱生活，总是活力四射。他们之间的彼此忠诚也被传为佳话。而韦伊家孩子的才华初绽（谁还能期望有比他们更出色的孩子？）理应归功于韦伊夫人塞尔玛。贝纳德·韦伊医生善良、慈爱，非常开明，却不爱说话，在强势的妻子面前显得很有风度。他在自己的诊所忙得不可开交，关于孩子教育的重要问题索性让妻子做决定。塞尔玛（家里人也叫她米梅）在年轻时曾渴望成为一名医生。但她父亲重男轻女，不许她进医学院，现在她好像把自己的无限精力和抱负都转而倾注到把孩子培养成功上了。在她看来，没几个老师教得了她这对禀赋超人的儿女，所以在五年时间里，西蒙娜·韦伊和哥哥安德烈上过六七所学校，请过的家庭教师也有几十个。强势的塞尔玛真可谓天才制造厂了。她精心规划着孩子智力培养中的每一步，利用一切可利用的教育资源确保他们天赋的发挥。

韦伊夫人对两个孩子的健康和对他们的教育一样一丝不苟。一种对细菌的病态恐惧严重影响着这个家庭。韦伊夫妇和出生于俄国的著名微生物学家埃利·梅奇尼科夫（Élie Metchnikoff）是好朋友。梅奇尼科夫是巴斯德研究所（Pasteur Institute）所长，1908 年因对传染病的开创性研究获得诺贝尔奖。韦伊夫人把从这位科学家那里了解到的一点儿知识——安德烈·韦伊后来描述为“将被西蒙娜发挥到极致的对细菌的恐惧”[1]——都用到了家里，她规定，除家人以外，任何人都不能亲吻她的孩子。在巴黎乘坐公交车时，她会让两个孩子坐到上层去，以将感染细菌的可能性降至最低。有强迫症倾向的洗手是她强加给孩子的另一个习惯。在吃饭时间，如果孩子们刚刚洗过手又需要去开门，他们就得用胳膊肘去推开。这种对细菌的病态恐惧将强烈影响西蒙娜·韦伊的心理面貌。“恶心”好像早已成为韦伊家频繁使用的词。西蒙娜·韦伊从学会说话起就常常把“我就是觉得恶心”挂在嘴边。四岁时，她开始讨厌被人亲吻，连父母吻她也不行。以后的人生里，她对大多数身体接触都表现出反感。她五岁时，父母的一位医生朋友因为她漂亮可爱而俯身吻了一下她的手，她立刻大哭起来，嚷道：“水，水！我要洗手！！”[2]

1909 年 2 月 3 日，西蒙娜·阿道菲娜·韦伊出生在火车东站以南的斯特拉斯堡街（这条街后来被毁，重建后改名梅兹街）她父母的公寓里。她五岁时，全家搬到了圣米歇尔大道上一套更大的公寓。母亲塞尔玛［原名塞罗米亚·海恩赫兹（Salomea Reinherz），她自己将其进行了简化］出身于一个富有的犹太商人家庭，家人在很多国家做进出口贸易，生意红火。塞尔玛出生后头几年在俄国度过，19 世纪 80 年代的大屠杀发生后，随父母举家迁往比利时。塞尔玛家人都有艺术细胞。她的父亲会用希伯来文写诗，母亲是一个天才钢琴家。塞尔玛的母亲后来一直和女儿一家生活，直至去世。而被子女称为“比瑞”的贝纳德·韦伊医生则出身于世代定居斯特拉斯堡的一个犹太商人之家。他的政治观点属于温和的左派，而本人却是一个极端的现世主义者。他不愿谈论自己的犹太性。这种不情愿里肯定有其复杂的原因，因为他的母亲一直都是虔诚的犹太教徒，她在巴黎一直生活到 20 世纪 30 年代。她有一个符合犹太教规的厨房，还曾声明孙女要是嫁给非犹太人还不如死了好。到儿子家，她会跟着儿媳塞尔玛进厨房，还会责备儿媳不按犹太饮食律法烹饪。

就是在这样一个洁癖成为惯例的家庭里，早产一个月的西蒙娜·韦伊度过了多病的婴儿期和童年时代。她六个月时，母亲做了阑尾切除手术，但坚持继续母乳喂养。西蒙娜的体重开始大幅下降，病得厉害。十一个月时人们说服韦伊夫人给她断奶，但西蒙娜·韦伊从小就开始了意志斗争，不吃用勺子喂的饭。她太瘦了，好几个医生都觉得她活不了。到两岁她的个头和体重都没长，还要用奶嘴不断加大的奶瓶喂食糊糊。成年后，西蒙娜·韦伊有时会将早年的这些危机（这对她青少年时期出现的严重进食问题可能产生了一定影响）推断为婴儿时期的母乳“中毒”。她会说：“这就是我这么没出息的原因。”[3]

西蒙娜·韦伊在童年时期一直很娇弱。三岁时她也做了阑尾切除手术，好几个月后才恢复。这件事对她造成的创伤很大，当年她和母亲去医院的路上总要经过埃菲尔铁塔，此后好几年她一见到埃菲尔铁塔就哭。家里每有陌生人来访，她都要躲起来，因为害怕来访者是医生。母亲对女儿的健康越发忧心忡忡，对这个超级敏感、情绪多变的孩子给予了无限关怀和娇宠。女儿五岁时，母亲曾给朋友写信说：“她从不服输，没法控制，特别倔强，我和她父亲拿她一点儿办法也没有。确实是我把她给惯坏了……我对她爱抚亲吻得太多了，虽不该如此，但还是忍不住要这么做。”[4]

虽然兄妹俩从未公然反抗溺爱他们的父母，但他们显然已经能把父母折腾得团团转了。随着年龄增长，他们偶尔会嘲弄一下对自己过度保护的父母。他们最喜欢的一个恶作剧就是在寒冷的冬天不穿袜子上公交车，让人觉得他们是“被人忽视的孩子”。他们假装牙齿打战，浑身发抖，向那些表示关注的乘客宣称，父母对他们不闻不问，甚至连袜子也不给他们买。（一个妇女就曾大声呵斥韦伊夫人：“你真是个坏女人！”）他们还有一个好玩儿的游戏，就是去敲陌生人家的门讨饭吃，借口是父母快把他们“饿死”了（韦伊家禁止吃糖果，所以他们会特别要求吃糖果）。听说这些恶作剧后，韦伊夫妇羞愧难当，而他们的两个孩子却没有停止，反而更愉快地继续表演这些心理剧。

第一次世界大战的到来结束了一个多世纪以来，在欧洲自由资产阶级中盛行的令他们洋洋自得的进步神话，也第一次给小韦伊们的人生笼罩上阴影。正是这一关键事件把西蒙娜·韦伊一下子推出了富足的童年织就的自以为是的蚕茧，也让她对自己未来工作的核心主题——受苦或“磨难”——有了模糊的认识。战争对她家庭的主要影响是不停地搬家。韦伊医生应征进了军中的医疗队，韦伊夫人和孩子们就跟着他来到纽沙特尔（Neufchâtel）、马耶讷（Mayenne）、拉瓦勒（Laval）、沙特尔（Chartres），在每个社区都租个离他营房近的大房子住下。西蒙娜·韦伊早熟的政治意识和她自我牺牲的偏好正是在这段战争岁月里得到了彰显（三岁时她就曾拒绝一位富有的亲戚送给她的镶有珠宝的戒指，理由是她“不喜欢奢侈”）。1916年，西蒙娜·韦伊六岁，她决定不再吃糖，因为“前线可怜的士兵”无糖可吃。还是在这一年，她领养了一个前线的“教子”——这是“一战”期间法国的习俗，各家各户都报名为生活水平低下的士兵寄送食品和衣服。西蒙娜·韦伊还拾木柴卖钱，给“她的士兵”买补给品。1917年，这位士兵到韦伊家休假。西蒙娜·韦伊逐渐变得特别喜欢他。第二年，他在作战中牺牲，她为此特别伤心。

到十岁时，这个满头蓬乱黑发的热情的小女孩已经每天读好多报纸，并开始显示出历史意识和对正义问题的敏感。1919年，大战结束，她对《凡尔赛和约》“羞辱战败方”的做法深感震惊。几年后，她在给朋友的信中写道：“我的国家施予他国的羞辱比之承受的苦难更使我感觉痛苦。”她同时指出，《凡尔赛和约》使她彻底摆脱了“天真的爱国主义”。她这个超级勤奋的学生对世界大事表现出特别的兴趣，好像一直都在密切关注俄国革命的进展，同时还在学校里谈论这件事，因为当年一个同学说她是共产主义者时，她曾反驳说：“才不是呢，我是布尔什维克。”国内的正义问题同样紧急。一年暑假，西蒙娜·韦伊对于自己属于特权精英阶层这件事越发感到不安，就把所住宾馆的门童、客房服务员、前台招待和搬运工召集到一起，责备他们工作太努力，竭力督促他们成立一个工会。

战争结束几个月后，就在韦伊家搬回圣米歇尔大道的公寓时，韦伊夫人发现找不到西蒙娜了。她和管家冲下楼，想看看西蒙娜究竟在干什么。在沿大道几个街区外密密麻麻的工会游行人群里，他们找到了她。这个十岁的孩子当时正和那些高唱《国际歌》、高喊涨工资减工时的工人一起大步向前。

1919年，西蒙娜·韦伊的政治意识开始成熟，这一年，她还领悟了很多其他的事。据安德烈·韦伊回忆，他们兄妹到这时候才知道自己是犹太人。这个发现还需好好解释一番。自称无神论者的韦伊医生和夫人堪称法国进步犹太知识阶层与社会高度融合的特有模式的典范。这种融合在某种程度上与1789年法国大革命有关。法国通过这场革命成为欧洲第一个赋予犹太人完整公民权的国家，也因为如此，后来几百年里，法国犹太人在学术和政治领域都获得了比任何其他国家的犹太人都更显赫的地位［主要包括哲学家亨利·柏格森（Henri Bergson）、社会学家埃米尔·涂尔干（Emile Durkheim）、作曲家雅克·阿莱维（Jacques Halévy）、曾出任法国总理的社会党人莱昂·布鲁姆（Léon Blum）和皮埃尔·孟戴斯－弗朗斯（Pierre Mendès-France）］。尽管如此，后来的强烈反犹潮流通过德雷福斯事件（Dreyfus affair）[①]和右翼群体“法兰西行动”（Action Fraçaise）表明，法国的早期宽容模式鼓舞了法国犹太社区以完全融入民族大熔炉的方式表现其爱国之心。用当代法籍犹太学者亚历山大·阿尔

① 1894年，犹太裔法国陆军上尉德雷福斯被指控出卖法国陆军情报给德国，军事法庭裁定其叛国罪名成立，判以终身苦役并流放外岛。事后虽经证实纯属诬告，军事法庭却因德雷福斯的犹太人身份而拒绝改判，引起左拉等知识分子和群众的抗议，并演变为轰动一时并具有深远历史意义的运动，即“德雷福斯事件”。本书页下脚注均为译者注。

德（Alexandre Alder）的话说就是："没有比法国犹太人更卖力为祖国祈祷的犹太人了……"[5]"这个国家解放了犹太人，会在他们中间激起永远炽热的爱国情怀。"[6]

西蒙娜·韦伊强烈的爱国情怀——可能比20世纪任何一位作家的爱国之情都更深刻地塑造了她命运的，带有批判意识却又极其坚定的爱国情怀——也许可以根据这种独特的法国融合模式来理解。同样出于融合需要，韦伊夫妇决定，等孩子们到了相当成熟的年纪以后再告诉他们犹太人与非犹太人之间的区别。韦伊夫人年轻时在中欧地区曾因反犹主义遭受极大痛苦，常常说起她"深切地渴望自己融入法国社会"[7]。作为阿尔萨斯地区的犹太人，韦伊医生要应对双重疏离：犹太人和阿尔萨斯人都从未被视为真正的"法国人"。鉴于家人这种非常复杂的态度，西蒙娜·韦伊对犹太人极其扭曲的情感和自身强烈的漂泊感就比较容易理解了。

1919—1920学年还以另一种方式使西蒙娜·韦伊的情感发生了转折：这时，她必须要面对并接受哥哥安德烈的天才。安德烈后来成为战后年代里最杰出的数学家之一，这样的数学家只有两三个。

和大多数数学家一样，安德烈很早就显示出过人的天赋。他八岁时就知道自己将来要做什么了。这一年，他在姑姑家发现了一本几何书，就把研究书的内容当成了娱乐。父母看到他连续几天都在做数学题，为了让他回到这个年龄孩子更“正常”的生活轨道上来，就把纸笔给拿走了。但后来他们发现他在水泥路面上接着解方程式，就不再限制他了。十二岁的安德烈已经能解决博士水平以上的数学题，同时在读古希腊语的柏拉图和《伊利亚特》。十四岁时（比法国政府规定的最低年龄限制还小三岁），他被特许参加业士考试——法国的高考，并以全国第一的成绩通过考试。接下来他又开始准备巴黎高等师范学院（简称巴黎高师）的入学考试。巴黎高师是一所颇负盛名的研究型大学，曾培养了法国众多的知识精英，最杰出的有亨利·柏格森、让－保罗·萨特（Jean-Paul Sartre）、克洛德·列维－斯特劳斯（Claude Lévi-Strauss）和乔治·蓬皮杜（George Pompidou）。这种备考一般需要到卡涅（Cagne）预科班（“卡涅”是学生之间的讽刺暗语，意思是“懒惰”）去上很长时间的课。预科班是那些好学校的附属中介机构，一般学生需要在里面学习两年才能去考试，而安德烈只用一年时间就完成了预科班的学习，并再次以全法第一的成绩通过考试被巴黎高师的理科专业录取。

西蒙娜·韦伊在本性上争强好胜、雄心勃勃，在同龄人中总是竭力做到最好。面对哥哥如此显而易见的天赋，她又会如何适应呢？兄妹之间任何意义上的竞争都肯定会因为他们之间的彼此忠诚而变得格外复杂。虽然西蒙娜·韦伊不喜欢身体接触，但对于其他形式的亲切表达，她都非常乐于接受，而因为哥哥对她宠爱有加，她对哥哥尤其赞赏。从很小的时候起，安德烈就尽其所能地把这个非常聪明却没他那么早慧的妹妹领进他自己的个人王国里去。例如，在他八岁时，他曾经决定送给父亲一个特别的生日礼物——教会五岁的妹妹阅读。他让妹妹长时间练习，有时竟能连续六个小时地练，甚至在散步时两个人都要练习拼读。就这样，他用几周的时间就实现了目标。“西蒙娜……哥哥走到哪儿她跟到哪儿，”母亲在女儿五岁那年的暑假里曾向人说起，“哥哥的一举一动她都感兴趣……他会保护她，帮助她摆脱困境，还经常让着她。”[8]两个人渐渐长大，安德烈仍然和妹妹分享他在学校学到的知识以及自学的东西，给妹妹介绍柏拉图，在电车上给她讲天文学。兄妹俩的谈话太过高深，以至于一次在公交车上，坐在他们后面的一名妇女下车时很生气地嚷了一句："怎么竟有人把孩子培养成模仿大人的学究！"

不过，兄妹之间的关系也并非永远那么和谐。有时，他们房间里安静的学习气氛也会被某种沉闷的撞击声打破。一次，韦伊夫人冲进他们的房间，发现西蒙娜和安德烈扭打在一起。"他们打架尽量不出声，避免引起我们注意……"韦伊夫人回忆说，"我们只听到窸窸窣窣的声音，从来听不到叫喊。我们进去时两个人都脸色苍白，抓着对方的头发，全身发抖。"[9]但是，这样打起来的情况很少。很特别的一次是因为西蒙娜·韦伊拒绝把自己的拉辛剧本借给哥哥，理由是里面有关于性的片段，她认为哥哥不应该看。多数情况下，韦伊兄妹在亲切与宁静的氛围中相处，两人共同向着父母定下的学业目标努力。他们尽量低声说话，避免讨论敏感问题或会产生分歧的问题（比如犹太性）。尽管在家庭描述中很少听到"比瑞"的情况——他在家庭事务中的参与主要被妻子的强势遮蔽了，韦伊夫妇的恩爱仍然堪称楷模。他们的特点之一就是在吃饭时为彼此留下对方最爱吃的肉块或鸡块——他给她留下最好的那块羊排，她给他留下鸡翅的翅中。结果，两个孩子取笑他们说，每个人最后可能要吃自己最不喜欢的东西。（身材高大的韦伊夫人是个很看重烹饪的美食家，她特别在意各种食物是否新鲜、健康。这可能对西蒙娜产生了影响，成为她后来十几岁时出现进食障碍的一个因素。）

韦伊家餐桌上的其他主要话题——音乐、文学和安德烈的特别爱好：收集希腊文和拉丁文善本——有时会用家庭第二语言（德语和英语）谈论。这是一个高度国际化的家庭。韦伊夫人曾从她富有的商人父亲那里继承了可观的一笔钱。她热爱旅行，每年都要设计几次创意家庭游。实际上，发号施令的韦伊夫人计划的家庭休假花样频出、时尚奢华、令人惊叹。韦伊家不仅在暑期花很多钱去旅游，其他重要节假日——圣诞节、复活节、五旬节（Pentecost）、万灵节（All Soul's Day）——他们也出门，去各种令人神往的目的地，比如到蒂罗尔（Tyrol）[①]骑行或到黑林山（Black Forest）[②]徒步。有韦伊夫妇这么格外慷慨、前卫、仁慈、开明的父母，西蒙娜和安德烈要踏上健康青春期的重要一步——对父母权威的适度反

① 欧洲旅游胜地，在阿尔卑斯山心脏地带。

② 德国旅游胜地，在巴登－符腾堡州东部林区。

叛——还真是困难。这对父母甚至知道如何利用幽默这个情感释放工具使孩子听话，因为在韦伊家的餐桌上，除了严肃地讨论大量学业问题，还会有各种温馨时刻，拿彼此的缺点或怪癖打趣：安德烈今天不满足，因为学习时间还不够长，于是大家拿这个取笑他；爸爸在办公室没有把自己累得筋疲力尽，今晚要不开心了；妈妈没有把大家的生活安排成她喜欢的样子；西蒙娜受的苦不足以使她感觉到自己的价值。这最后一项肯定会被多次提及，因为很明显，西蒙娜·韦伊到十四岁时，她性格中最令人无法理解的特点就是，对他人痛苦的异常接受能力以及她培养自己受苦能力的强烈倾向。

在战后几年，成长中的西蒙娜·韦伊有过一些心痛的经历。其中部分原因是她接受正规教育的最初几年遇到了困难。1919年1月，她刚满十岁，父亲复员回来，全家最终又回到巴黎，过上比较稳定的生活。和哥哥相比，西蒙娜·韦伊的天赋不够集中，也不太明显，结果在颠沛流离的战争岁月，她在学习方面受的影响比哥哥大。而母亲对她学习方面过分热心，可能反而加强了这种不良影响：韦伊夫人在随后几年监督女儿受教育的过程中过于苛刻。那一年，她给女儿请了家庭教师完成学业。到了秋季，她就把女儿送进了非常有名的费那龙女子中学（Lycée Fénelon）读书。西蒙娜·韦伊被分到拉丁语和希腊语刚刚开课的年级，比班上同学的平均年龄小两岁。一位前校友回忆："从外表看，她是个小孩子，手都不会用，但是智力超群。她看起来好像很另类，思想也似乎与我们这个年龄和环境不一致，让人觉得她好像很老了。"[10]

尽管这个"老成的人"在学习上倾注了很多精力，而且非常出众（除了"制图与绘画"，她在其他方面都超过了同学，而这门课得了令人侧目的零分），她还是很容易对这种努力感到厌倦，因为她有个特殊缺陷：她的手很小，与她大骨架的身躯极不相称。这双手柔弱而笨拙，因此她写字潦草而且很慢，从来不能像其他同学那样按时完成写的任务。因此，西蒙娜·韦伊从十岁起就养成半夜起来写作业的习惯。这是她一生中强加给自己的众多损毁她健康的义务中的第一个。她常常会因为筋疲力尽而不得不连续卧床休息。她实在是太累了，实际上，到第二学年，也就是1920—1921学年，韦伊夫人就决定让女儿完全脱离学校体制，请人来家里教她了。西蒙娜·韦伊在1921年秋又回到了费那龙，因为韦伊夫人觉得她的家庭教师在态度上“吹毛求疵、冷嘲热讽”，但西蒙娜只在学校待了第一学期的三个月。冬季学期她跟着家庭教师在家里学习。到了春季学期，她被转到另一所有名的女子学校。在那里又出现了新的障碍：西蒙娜·韦伊不可避免地成了班里的第一名，但韦伊夫人怕老师们给她太多赞美，所以后来还是让她离开了这所学校，回到家里专门研究古希腊语。韦伊夫人担心她对正规学校教育不适应，继续把她的问题和她哥哥轻而易举的成功做比较。这位母亲的评价是：安德烈总是很平静，考试和作业对他来说都是愉快的事，因为“从未有过一点儿不顺……他很自信……可是西蒙娜总倾向于怀疑自己”。[11]

尽管1921年西蒙娜·韦伊曾下决心要和那位“吹毛求疵、冷嘲热讽”煽动她退学的老师坚持学下去，但是，1922年10月，十三岁的她还是再次回到了费那龙中学。这次，还是同一位老师抱怨她比班上同学超前得太多了，所以就布置作业，让全班同学把拉辛的《阿达莉》（*Athalie*）背下来，这使她的同学焦躁不安。就在这年秋天，她在费那龙忍受着自己困难的同时，又患上了严重的偏头痛，这个病困扰了她大半生。也是在这学年，她经历了人生中第一次严重的情感危机。此时，安德烈已经被巴黎高师录取。西蒙娜·韦伊第一次严重的抑郁似乎与她越来越强烈地意识到哥哥的优秀、父母对他小小年纪取得的成就颇为自豪有很大关系。她在1941年写给朋友的一封信里描述了自己的这场危机，里面显示出多数年轻的厌食症患者所共有的极端的无价值感：

> 十四岁时，我陷入了伴随青春期而来的那种绝望的深渊，因为自己自然禀赋的平庸，我真的想到了死。我那天赋异禀的哥哥，其童年与青年时代可与帕斯卡相提并论，使我感到了强烈的自卑。[12]

拿哥哥与数学奇才、物理学家和宗教思想家帕斯卡（Blaise Pascal，1623—1662）做比较，意义非凡。和安德烈一样，多才多艺的帕斯卡也是一个奇才，他在十四岁就掌握了数学的最高原则。而帕斯卡也与自己聪明的妹妹特别亲。他的妹妹杰奎琳（Jacqueline Pascal）是一个文学神童。和西蒙娜·韦伊一样，帕斯卡兄妹刚刚成年时也在宗教信仰上有过重要的变化。杰奎琳后来一直是皇家港修道院的修女，这个修道院是主张苦修的天主教改革运动“詹森主义”（Jansenism）的中心。由于帕斯卡很早就成为西蒙娜·韦伊喜欢的一位作家——到十四岁她就已经对他《思想录》（*Pensées*）中的很多片段烂熟于心了，而且后来她又写下了这样的话——“实际是通过拉辛和帕斯卡才学会了阅读”，人们不禁怀疑在西蒙娜·韦伊的自我形象中是否有模仿帕斯卡的痕迹。“不能取得显著成功我并不在意，”她在1941年的那封信里接着写道，“想到自己不能走进那种只有真正伟人才能进入的真理栖居的至高境界，我才会真正感到难过。而寻不到真理，我宁可死去，也不愿苟活。”

在课业上坚持不懈的努力和全力以赴的精神使她开始看到自己有希望抵达真理之境。她以高分通过了第一次中学毕业会考，接下来，为了准备难度大得多的第二次会考，母亲把她送进了另一所中学，那里的一位明星教师，有名的柏拉图学者和德国理想主义权威，马上就意识到西蒙娜·韦伊的天才，对她给予了特别关注。正是在他的教导下，西蒙娜·韦伊阅读了将影响她一生的卡尔·马克思和埃米尔·涂尔干的著作，开始了她的马克思主义阶段。1925年春，她十六岁，以优异成绩通过第二次会考。到了秋天，她跟随哥哥的脚步，着手准备巴黎高师的入学考试。

此时，西蒙娜·韦伊青春期的情感危机已经促使她创造出一种新的外在形象：从十三岁到十五岁这段时间里，她逐步形成了自己的外表风格，这种风格在她的余生里没怎么变化。一头乱蓬蓬的黑发，巨大的玳瑁框眼镜几乎遮蔽了她娇小的脸。第一次见她的人肯定会注意到那双大大的黑眼睛，勇敢地逼视着眼前的人，带着探寻与好奇，却又显得唐突无理。她举手投足很是活泼，却显得鲁莽笨拙。另外，她很瘦，让人一见就顿生怜悯。尽管后来韦伊医生否认西蒙娜·韦伊所有的饮食失调症状，以避免使人产生与神经性厌食症（这种疾病一般会在青春期乘虚而入）相关的不好联想，但她的朋友说她的进食量早已少得可怜。（父母如果比他们的名人子女多活几十年，就会经常出现把子女神圣化的倾向。韦伊医生和夫人在对待西蒙娜·韦伊的问题上就是如此。）她的外表还有一方面更是让人对她难以亲近，就是那身遮住她瘦骨嶙峋身体的难看的衣服。她的衣服像是来自衣衫褴褛的士兵或穷苦的修道士，而且永远是一成不变的男款修道服——一件披风，男孩子穿的那种平底鞋，长及脚跟的半裙，深色宽松式长款上衣。她偶尔会戴一顶羊毛贝雷帽，多数时间不戴帽子，这在那个年代对于上层社会的年轻女士是极不寻常的。

如果服装能表达我们的内心态度，那么西蒙娜·韦伊的服装会高声宣布：她认为生为女性是极大的不幸。这种对女性角色的断然抛弃中有她强势的母亲很大的功劳。塞尔玛对自己被迫中止的医生事业始终念念不忘。她似乎把自己因为性别而遭遇的挫折转到女儿那里去寻求解决了。那些年里，她曾经写信给一位朋友："比起轻佻多变、含蓄委婉、所有这些小女孩的装模作样、忸怩作态，我还是一直喜欢可爱的小男孩，淘气、真诚……我竭力鼓励西蒙娜不要那种小女孩装腔作势的优雅，要像男孩子那样率直，即使有时候这样似乎很无礼。"[13]实际上，西蒙娜·韦伊的父母双方好像都鼓励她要像男孩子一样。他们打趣地称呼她"西蒙"，跟别人说起她时会用"我们的二儿子"，从十几岁起，女儿写信时就经常会戏谑地落款"儿子敬上"。西蒙娜·韦伊童年最重要的偶像，哥哥安德烈，也在她复杂的性别认同方面起了微妙的作用。她八九岁时，哥哥给她取了个亲切的绰号"小精灵"，这本来指的是北欧神话中雌雄同体的山精。

家庭动力不是影响西蒙娜·韦伊服装语言的唯一要素。对男女平等的内在直觉要求、她日益激进的政治倾向也在同样程度上塑造了她单调的中性着装风格。“大家要是都花同样的价钱穿同样的衣服就会好些，”她十几岁时就曾对一个朋友说，“那样的话……没人会看出我们的区别。”[14] 多数反对奢侈、提倡节俭的决定里都会有些夸张成分，西蒙娜·韦伊的着装似乎也体现了这一点。她是一个蔑视资产阶级习俗、初露锋芒的左翼活动家，一个还颇有几分顽皮天性的人。她通过廉价、便捷的服装向人们阐述平等主义，毫不在意有些人会大跌眼镜。然而，这种穿异性服装的故意以及把原本漂亮的自己损毁成漫画人物的需要背后，是西蒙娜·韦伊个性中无比灰暗和悲剧的方面：她绝望，感觉自己没有价值，感觉自己平常无奇、不够完整、不能被男人所爱，她对性别问题深感不安。她唯一对男性认同的力量之源是：尽管对性接触惊恐不安，她和男人却能成为非常好的“同志”，比和女人在一起关系融洽得多。在她一生中，男人会成为她最亲密的朋友、导师和知己。

阿兰（Alain）就是这样一个男人。西蒙娜在进入亨利四世中学文科预备班时遇到他，而这位名师即将改变她的人生。阿兰自己对西蒙娜·韦伊的反应很奇特。他称她为“火星人”(the Martian),“火星人”是英国科幻作家威尔斯(H. G. Wells)作品中只有眼睛和大脑的星际居民。阿兰回忆说:“她和我们完全不是一类,她高高在上,对我们所有人做出评判。”[15]

大师的弟子

“阿兰”是哲学家埃米尔·沙尔捷（Émile Chartier）的笔名。他一生著述丰富，已出版的“世界文学巨匠”（Pléiade）丛书中有其四卷本著作。即使在他去世五十年后的今天，法国多数的中学生依然熟悉他的名字。阿兰是诺曼底人，讲话粗鲁而直率，总是以出身工人阶层而洋洋自得。他拖着一条跛腿在课堂上走来走去，跛腿是他参加第一次世界大战受伤留下的后遗症。他对多数形式的资产阶级情感不屑一顾。曾经有一次，一名政府巡视员来到他的课堂上，他竟也无所顾忌，继续教导学生要对妓女尽其人道主义义务。阿兰拒绝了所有对文学名人的专项拨款，对几乎每种传统的安逸享受都避之唯恐不及。他甚至拒绝结婚，理由是家庭生活可能会消解他写作的精力。直到八十多岁他才终于同意迎娶那位陪伴了他四十年的女士。

阿兰讨厌收音机、电话、政客和飞机，蔑视爱因斯坦和弗洛伊德，不喜欢现代文学［保尔·瓦雷里（Paul Valéry）例外］。他的哲学方法——只要能称之为哲学方法的——主要都建立在怀疑论的基础上。他和自己喜欢的哲学家笛卡儿有着共同观点，认为怀疑是启蒙的真谛，是武断与狂热的唯一解药，能让人理解悖论与荒谬。他还认为，只要用对方法，所有人都能挖掘出更大的潜力，没有哪一种工作是超出人的能力范围的。阿兰对西蒙娜·韦伊最具解放意义的影响是，他对这种笛卡儿式世俗智慧的深信不疑。任何人，不论智商如何，只要使用了适当的方法，就能实现最伟大的天才实现的目标。这一观点注定会成为任何一个在绝顶聪明的兄弟姊妹阴影下成长起来的人的慰藉，对西蒙娜·韦伊就是如此。

西蒙娜·韦伊在亨利四世中学就读期间，阿兰的课是每周三次，每次两小时，开课对象是一个有二十七名男生和两名女生的文科预备班（1929 年是巴黎高师开始招收女生的第二年，因此也是预备班有女生的第二年）。阿兰以他一贯的勇敢作风，让两名女生——西蒙娜·韦伊和西蒙娜·佩特勒芒（Simone Pétrement）——坐在第一排中间的位置，正对黑板。西蒙娜·佩特勒芒后来成了一名哲学家，也是西蒙娜·韦伊第一位主要的传记作者。她们的一位同学回忆起阿兰当年上课的情景是这样的："阿兰走进教室……甚至看也不看我们一眼，就坐下了，大半个身子，包括肩膀，都转向黑板。他会直接在黑板上写下一个充满智慧的神秘概念作为课堂导入，之后，还是那么直截了当地把这个概念用一系列复杂难懂的话重申一遍，举一千个例子来说明，推翻一切可能的反对观点，直到这个概念在我们的脑子里回声嘹亮，余音不绝。”[1]

阿兰常常引述司汤达的话，大意是：“不管有没有灵感，都要每天写作。”他鼓励学生们稳坐课桌前，像他一样进行大量写作，至少每天写两个小时。他坚持认为，写作应该用大张的纸，书法要漂亮，纸张边缘要为标注留出特别宽的空白（一手漂亮的好字是自我掌控的标志，而且他对空白纸张赋予人灵感的力量深信不疑）。阿兰督促学生每三周交一篇长达数页的论文——他称之为“论题”或“主题”，题目自拟。他深信：“学会写作就学会了思考。”他还想让自己的学生用清晰简洁的语言表达出普遍的真理。阿兰还深信，每天通过反复阅读和背诵而与历史上的伟大思想家为伴非常重要。他最喜欢柏拉图、笛卡儿、康德和斯宾诺莎，而这些哲学家将对西蒙娜·韦伊产生重大影响。每学年之初，阿兰都会选择两位伟大的作者进行研究：一名哲学家，一名诗人或小说家；对每位作者，他每学期都会每周拿出一小时的时间来研究。（在西蒙娜·韦伊修读阿兰课程的三年里，他研究的三对特别作者分别是柏拉图和巴尔扎克、康德和荷马、马可·奥勒留和卢克莱修。)

尽管阿兰坚决反对教权主义,怀疑一切有组织的宗教,但在他的思想里依然存在着神秘的、宗教的东西,这些最终会对西蒙娜·韦伊产生影响。他在诸如"钉在十字架上的人""圣母与圣婴"和"圣徒"这样的基督教主题中发现了真理与美的宝贵源泉。他在谈到这些时带有明显的赞赏之情,而他的溢美之词竟在不经意间使自己的几个学生皈依了基督教。[安德烈·莫洛亚(André Maurois)①后来回忆:"是他第一个向我揭示了基督教教义的伟大,并使我接受了其中很大一部分。"]阿兰甚至还说:"只有有信仰的人才会思考。"[2]然而,他也坚持认为,"完全由意志和勇气构成的"真正信仰与盲从的信仰直接对立,盲从的信仰是社会制度强加给人的。过去的一千年里,从阿西西的圣方济各(Saint Francis of Assisi)到马丁·路德·金,再到当代天主教激进分子丹尼尔(Daniel)和菲利浦·贝里根(Philip Berrigan),在全社会都很激进的这些基督教传统中,阿兰在那些最无力者的身上看到了上帝的荣耀,他

① 安德烈·莫洛亚(1885—1967),法国两次大战之间登上文坛的重要作家,法兰西学院院士。

们是那些赤贫者、圣婴耶稣和髑髅地的成年耶稣。

在西蒙娜·韦伊十八九岁时、在她还坐在阿兰课堂上听课的岁月里遇到她会是怎样的情形？她光泽细腻的肌肤之美、她眉清目秀的相貌之美，几乎都隐藏在脏兮兮的衣服和大大的眼镜下面了，连她走路的样子也是怪怪的。那些看出她美的人对她把自己弄得那么丑表示不解。她十八九岁时还是干瘦干瘦的，有朋友注意到，她吃饭很慢而且吃得很少，似乎咀嚼食物对她是一项苦役。她儿童时期对与他人身体接触的反感一直保持到现在，甚至回避最普通的拥抱，躲开表示友好的挽胳膊行为。（她在青少年早期曾在卢森堡公园看到一个露阳癖患者，这好像加深了她对性的恐惧。这件事她的哥哥曾在其回忆录里提及，她自己后来也曾在日记里谈到，不过只有一次。）

在举止方面，她保持着青少年时期形成的好辩而古怪的风格，而且越来越固执。她急于与人建立深厚的友谊，但对人断然的批评却经常使她陷于孤立，从而削弱了她的社交冲动。她选择朋友很随意，总是拿没完没了的问题去激发他们。但如果在某个朋友身上看到了自己不喜欢的特点，她能毫不留情地立即终止这段友谊。那些更赞赏她的同学把她描述成“惊人地表里如一”，说她绝不会容忍人们在信仰和生活方式之间不一致。“我受不了的是妥协”，她过去常这样说起那些未能按自己信仰生活的人们，在说话时还要加上一个强有力的横切手势。每次与未满足她高标准行为要求的人断绝关系时，她都会重复这个手势。与她非常要好的朋友卡米耶·马尔库（Camille Marcoux）说：“即使很喜欢她，我也始终感觉与她之间不可能有泰然相处的友谊。她言谈举止粗鲁无礼、直截了当，外表异乎寻常，尤其是她那些无情的判断很伤人。”西蒙娜·韦伊的很多朋友也都证实了她争强好辩的特点。“在她周围总是混乱、迷茫，”她的另一位朋友克莱芒丝·拉姆努（Clémence Ramnoux）说，“她总是拉着你去游行，催着你去找人签字，让你出去发传单。我退出了。”[3]

佩特勒芒描述了一个脆弱得多的西蒙娜·韦伊：“我现在依然能看到她伏在笔记上，手指上经常带着墨迹，很吃力很慢地在写字。她有时会迅速地转过头，留意着周围的一切，透过厚厚的镜片热切地观察事物。”[4]其他同学讲话时，西蒙娜·韦伊伸着脖子很专注地听，同时在纸上画着小人儿，她画得极好，竟酷似神秘主义作品，着实令人好奇。

这种信手涂鸦好像能把她从记教授们的课堂笔记这种苦差中解脱出来：因为她写字慢，所以经常要借用朋友的笔记才能记全，特别是在阿兰的课上。她那瓶华特曼牌墨水始终装在兜口里，常常瓶盖没拧好，把衣服染了。她兜里还总是装着鼓鼓的烟草袋和卷烟纸。在街上走，她总会把自己和陪着她的人置于危险境地。她跌跌撞撞迈着大步边走边讲话，还做着手势，完全不注意周围的汽车，而她总是很侥幸没被撞到（她声称有魔力保护自己免遭车祸）。

除了佩特勒芒之外，西蒙娜·韦伊在文科预备班里最好的朋友是三位男同学：勒内·夏多（René Château）、雅克·加努绍（Jacques Ganuchaud）和皮埃尔·勒泰利耶（Pierre Letellier）。在加奈特街的一个小酒馆里，西蒙娜·韦伊和她这三位同道能连续待上几个小时，聊天，喝清咖啡，一支接一支抽她卷的烟（她也偶尔喝几次酒，显示自己是“男生中的一员”，但她只能喝一点点，否则会感觉很不舒服）。朋友间长谈的主题聚焦在哲学、政治学，当然，还有阿兰的教学法，因为作为巴黎高师的毕业生，他们要想成为中学教师还得再花上几年的工夫。

阿兰对教育有着远大理想，这种理想是把学校变成“人道中心”，能与各种偏见、暴力和不公平斗争。而他们又该如何在自己的事业中实现老师的这种教育理想呢？这样的谈话有时会在小酒馆里持续到凌晨两点，偶尔，几个朋友还会换个地方，在霍尔斯市场的一个咖啡馆里看到黎明的曙光。

尽管西蒙娜·韦伊和阿兰一样并没有成为法国共产党的一员，但在她十八九岁时，相比其他政党，她已经明显地倾向于共产党了。在文科预备班和巴黎高师，她常常在自己的草稿纸和笔记本上画锤子和镰刀的图案。法国共产党党报《人道报》（*L'Humanité*）在若干年里都是她的《圣经》。曾经有一段时间，她每周日上午在圣心大教堂前替两位上了年纪因病出不了家门的贫苦卖报人卖《人道报》。她哥哥说在她桌子上有未完成的入党申请书的草稿，里面第一句话是“被团结之事业深深感动……”，但她从未寄出。她的叛逆和个性完全不适合加入共产党。从巴黎高师毕业不到两年，她就开始抨击共产党，甚至将其视为比资本主义更大的敌人。

有些同学在谈到西蒙娜·韦伊钟爱的康德时称她为“穿裙子的绝对命令”，因为她需要把所有理念整合到其终极的逻辑结论上去。然而，她也有很多可爱之处，弥补了种种不足。她会突然天真地嚷道："我真希望父母是穷人！"[5]而这完全是发自内心的坦白。她不屈不挠的正义感总是伴随着具有反讽意味的黑色幽默。她每周在巴黎高师的走廊里读着左翼报纸《鸭鸣报》(*Le Canard Enchainé*)中一些政治讽刺时都会突然放声大笑。而她的不适应感又使她获得了令人钦佩的自制力。这种自制力曾是阿兰教导中的基本点。她可能比阿兰的任何其他学生都更执着地将其付诸实践了。例如，阿兰曾斥责她的字写得不认真、太潦草，建议她努力写清楚，当时十六岁的西蒙娜·韦伊开始彻底革新自己的书写。首先，她每天在一个儿童作文本上练习几小时，把单个字母写漂亮，为了使垂直的笔画更直，还用上了火柴棍。后来，她又专注于把字母连在一起写出完美形式的单词。仅仅几个月的时间，她已经迫使自己很难看的字变得端正漂亮了。

然而，西蒙娜·韦伊身上这种狂热的自制力也很容易使她陷入自我伤害的境地。例如，为了改变自己在运动方面极度欠缺的状况，她加入了巴黎女性运动俱乐部成立的法国第一支女子橄榄球队。她不可避免地会满身泥土、伤痕累累地从球场上下来。赛后她经常坐在湿漉漉的草地上，回想自己出的大错和窘迫的样子。据她母亲讲，她就是这样患上了后来折磨了她大半生的鼻窦炎，这使她的头痛病大大加重。这种极端的自我掌控的冲动还有更惊人的表现，现在人们确认它是厌食症的另外一种常见症状。在文科预备班上，她的同学注意到她左手手背上很长时间里都留有一片像是烫伤的、很深的圆形伤口，这个伤口数月之后才愈合。她拒绝向朋友透露是什么原因造成的。但大家普遍认为是她在经常熬夜工作的某个夜晚自己用烟头烫的，要么是测试自己对痛苦的承受能力，要么是面对自身缺点进行的自我惩罚，而这些缺点多数人其实并不在乎。

西蒙娜·韦伊对自己宣扬的政治观点坚持身体力行，这一点同样令人刮目相看，特别是她还是一个出身上层社会、被宠坏了的青少年。她和朋友们热衷于讨论复兴“人民的大学”（people's universities），这股思潮在第一次世界大战以前很流行，主要是使蓝领工人在文化课方面接受基础训练。这在西蒙娜·韦伊看来是一种理想教育。于是，她和朋友加努绍和夏多一起创立了一个协会，取名“社会教育协会”，为铁路工人在晚上开设数学、物理、社会学和政治经济学课程，辅导他们考取工资更高的行政岗位。1928年，她进入巴黎高师那年，每周有几个晚上都在教这些课。她的很多学生都成功考上了行政岗位，这使她很高兴。她在协会的授课一直持续到1931年，这一年她从巴黎高师毕业，离开巴黎到外省去教书了。那些工人学员是如何看待他们这位教员的呢？尽管很多人都非常喜欢她，称她是“好同志”，但他们坦言并不是总能透彻理解她那些貌似牵强、看似矛盾的想法。

在西蒙娜·韦伊的政治敏锐性日臻成熟的岁月，阿兰提供的支持无论怎么强调都不为过。他可能是她家人之外唯一一个透过她不善交际、有时表现得粗鲁的举止，透过她不修边幅的衣装，看到她灵魂的人。阿兰对她超乎寻常的强烈的社会责任感很是赞赏，鼓励她坚守自己的信念。阿兰还是第一个鼓励她成为作家的人，他邀请她为自己的评论杂志《自由言论》(*Libre Propos*)撰稿，她最初的几篇文章就是在这里发表的。西蒙娜·韦伊作为羽翼丰满的巴黎高师毕业生再次回校聆听阿兰的讲座时，阿兰能想到的最好的回报就是让当下这个班的班级之星、未来的戴高乐主义领袖、政府部长莫里斯·舒曼（Maurice Schumann）坐在她身边（舒曼也因此成了她最好的朋友之一）。阿兰的核心信念对她的思想同样至为关键：无限的对世界传播知识的责任、以社会行动传播真理，以及最重要的，对体力劳动的精神潜能有坚定的信念。阿兰相信，工作显示了头脑最真实的自由。身体是抓住物质的钳子，头脑通过身体劳作实现其自身的自由，同时也认识其思想的不足。正是这种头脑与身体的共生合作把工作变成了“一件人生圣事”。西蒙娜·韦伊在自己事业生涯中探讨的各种主题——从民间风俗到政治党派的成长，从科学定理到神学反思——也正反映出她老师关注的至为宽广的领域。

西蒙娜·韦伊在文科预备班那几年写给阿兰的论文中，有两篇特别重要。有一篇是她上阿兰的课最初几个月写的，是对格林童话《六只天鹅》的故事评论。故事是这样的：六个兄弟被他们的女巫继母变成了天鹅，为了使他们恢复人身，他们的妹妹花六年时间用白色银莲花缝制了六件衬衫。而在此期间，她必须信守完全沉默的誓言。她因此危险频出，因为在继母不公平的指责面前，她不能为自己辩护。就在她即将被处死的时刻，六只天鹅——她的哥哥们——从天空向着她俯冲下来。她把衬衫抛向他们，他们恢复了人形，救下了妹妹。西蒙娜·韦伊对故事做了这样的评论：

> 行动从来不难；我们总是做得太多，在无秩序的行动中浪费自己。用银莲花做六件衬衫并保持沉默：这是我们获得权力的唯一方式……把银莲花缝制成衬衫几乎不可能，而最大的困难在于阻止会改变六年沉默纯粹性的任何附加行动。在这个世界上，纯粹性是唯一的力量……是真理的片段……抑制行动：这里有我们唯一的力量和仅有的美德。[6]

阿兰给西蒙娜·韦伊的这篇论文打了“优”，在法语评分系统中，这等于是 A+。另外一篇她在文科预备班获得阿兰高度评价的论文讨论的是亚历山大大帝的一则逸事。为了表示要与士兵团结一致，共同面对干渴，亚历山大在穿越沙漠时，把士兵给他送来的一头盔的水倒在了地上。西蒙娜·韦伊的观察是，亚历山大的行为只是保障了他自己的纯粹性和人性，但对其他任何人都毫无用处。她指出，这个故事的真正寓意是：

亚历山大如果喝了这水，他获得的福祉就会把他与他的士兵分开……一切都发生在亚历山大的灵魂深处……所以要拯救世界有公正和纯粹就够了，这个观点已经由人间神的神话表达，仅用公正就可弥补人的罪恶……牺牲就是接受痛苦，拒绝听命于自身的兽性，愿意通过主动受苦弥补苦难中的人们。每一位圣人都把水倒掉了，每一位圣人都拒绝了使他与苦难中的人们分开的一切福祉。[7]

西蒙娜·韦伊写下这些话时仅仅十六岁，这预示了她整个的精神成长历程。

在西蒙娜·韦伊身上，有多少灵性与斗志，就有多少顽劣。在文科预备班，因为抗议一位学校官员把男女生在教室里严格分区排座的决定，她和该官员大吵一架，而她从中得到了不少乐趣。还有一次，她因为在男士区吸烟而被停课八天（楼内不许吸烟，而庭院各处都是男士专区），她对此也很开心。然而，她津津乐道的任性而为有时却会伤及她的学习模式。她把大量的精力和注意力都投注到阿兰的哲学课上，却忽视了其他几门课。1927年6月，在文科预备班学习两年后，她因为历史分数低而未能考上巴黎高师，而历史是阿兰觉得没什么价值的一门课。打分的老师这样描述她："一个显然觉得自己已经高居历史之上的聪明的年轻女孩。"[8]这样的责难让这个韦伊家的孩子坐不住了，她立即着手改变自己的方式方法。她在完全隐居乡间的状态下度过了这一年的部分时光，陪伴她的是一位她父母的朋友，这位朋友在波尔多附近开了一个女子补习班。不用说，补习班上的其他女孩盯住她奇怪的步态和塞满烟草的兜口，会把她当成一个非常古怪的人；而她对她们很冷漠，乐享着自己的隐居生活，并且会熬夜到天亮研读历史。（不过，她确实和园丁交了朋友，而且不顾传统，把园丁请到自己房里讨论政治，当然，这是要督促他加入工会。）

西蒙娜·韦伊强加给自己的隐居得到了报偿：1928年春，她以当年全国申请者中排名第一的成绩被巴黎高师录取。

在三年的时间里（三学期制），阿兰每学期都给西蒙娜·韦伊的学习情况写评语。这些评语记录了她的学业进步过程，同时也使人清楚地看到这位战前时代法国教师中的典范对学生的高标准、严要求。

1925—1926学年第一学期评语："她令人信服，头脑清楚，在其分析能力方面经常表现出过人之处。从全局视角看问题还不够清晰，还需学习如何构建连贯的论述。但她已经显示出直觉能力，很期待看到她未来的成长。"

第二学期评语："出色的学生，懂得学习，能够自律，进步很快而且稳定。想法很多，但不够细致，不过，我们可以预言她可能会取得惊人的好成绩。"

1926—1927学年第一学期评语："非常好的学生，极具天赋，但对那些用很费解的语言表达出来的过于深奥的反思要注意防范。"

1927—1928学年第三学期，也是她作为在校生跟着阿兰听课的最后一学期，阿兰的评语是："异乎寻常的意志力，广博的文化知识。如果不选择默默无闻的道路，她会取得非凡的成功。不管怎样，她都肯定会受到关注。"[9]

六年之后，也就是1935年，西蒙娜·韦伊给老师寄去了她最重要的论文《压迫与自由》(*Oppression and Liberty*)，阿兰又一次对她表示了赞赏：

你的例子会在被本体论和意识形态蒙蔽的一代代人中激发起勇气。……我确信这样的作品……严肃与严谨相统一……是唯一能触发未来真正革命的作品……只有愤怒会阻止你完成使命。记住我一直说的话：凡是厌恶人类的，都是错的……此致阿兰[10]

巴黎高师

对十八九岁的西蒙娜·韦伊最具震撼力的一段描写出自西蒙娜·波伏瓦（Simone de Beauvoir）。因为听说西蒙娜·韦伊得知中国饥荒的消息时哭了，波伏瓦一直想见一见她。她们俩最终在索邦大学的校园里不期而遇。

“我嫉妒能为全世界跳动的心。”波伏瓦在《一个循规蹈矩的少女回忆》（*Memoirs of a Dutiful Daughter*）中写道。

> 她的聪明才智和古怪着装令她闻名遐迩，这一点触动了我……有一天我终于走近她了，我也不知道谈话是怎么开始的。她用很尖锐的语气说，现在只有一件重要的事：让地球上所有挨饿的人吃上饭的革命。我以同样坚定的口气反驳说，问题不是让人快乐起来，而是帮助他们找到自己存在的意义。她瞪眼看着我说：“显然你从来没挨过饿。”我们的关系就在那儿终止了。我意识到，她已经把我划归傲慢的小资产阶级了，我当时很生气。[1]

但西蒙娜·韦伊将来不一定会和波伏瓦辩论。波伏瓦当时正在索邦大学攻读文学博士学位。1928 年，西蒙娜·韦伊和二十九名男生一起进入巴黎高师，而她是班上唯一的女生（这是该校不限制录取女生的头几年中的一年）。前一年秋天，有三名女生进入巴黎高师学习，其中包括西蒙娜·韦伊的好朋友佩特勒芒。校方在一楼给这个小小的群体单独安排了一个小房间。这所学校创办于拿破仑时期，目的是为公立中学培养教师。这不是我们当代意义上的那种学校，而是一个研究院性质的机构，享有很多特权，也有不少义务。学校坐落在邬尔姆路（Rue d'Ulm），离索邦大学有几百米。该校独立于法国的大学系统，对所有中学毕业生开放，但有非常严格的入学选拔考试。巴黎高师的学生如果想获得政府奖学金和食宿条件（如果他们需要），在满足了教师资格会考或研究生学位的要求之后，要签署一份合同，承诺在中学系统里教书十年。巴黎高师的大多数课业要在索邦大学完成。但在西蒙娜·韦伊的时代，和我们今天一样，甚至索邦大学的课都是可上可不上的：那些想自学的人可以自学，因为巴黎高师唯一的毕业条件是学生要提交若干篇论文并通过一系列考试获得在公立中学教书的“执照”。

巴黎高师作为法国知识精英的培训基地名气很大，

因此形成了看不起索邦大学教师的高师传统，一般表现为傲慢与清高。所以西蒙娜·韦伊没有去上过索邦大学的课也很自然，她更愿意去亨利四世中学旁听阿兰的课，继续她的哲学学习。此外，她从来不善于和当权者打交道，几次三番地和巴黎高师校方发生冲突，人尽皆知。她最讨厌的一个人是社会学家塞莱斯坦·布格莱（Celestin Bouglé），当时的督学。她入学第一年里，在一次会议上，布格莱就爱国主义话题给学生做了一次慷慨激昂的讲话，西蒙娜·韦伊当时站起来，带着尖锐的讽刺口气，朗读起政治家雷蒙·普安卡雷（Raymond Poincaré）1912 年的一篇演说稿，里面说，法国为了国防需要也许会不得不侵略比利时（正是德国 1914 年入侵了那个国家才挑起了第一次世界大战）。“她读完以后，瞬间全场安静，”当时也参加了那次会议的雅克·卡博（Jacques Cabaud）写道，“布格莱烦躁地掏出手表说：‘十二点，午饭时间。’”[2] 很快，“十二点，午饭时间”成了学生中的流行语，每当他们对一个令人困惑的问题找不到答案时，就重复这句话，而且还模仿布格莱做着夸张的手势。在巴黎高师的几年里，西蒙娜·韦伊还在很多其他问题上不断刺激布格莱。有一次，她请布格莱为失业者捐款。布格莱给了她二十法郎，但警告她不要说出去。对此，西蒙娜·韦伊立刻在学校布告栏张贴了一张告示，上写："学习督学好榜样，向失业者帮扶基金匿名捐款。"从那以后，布格莱就称她"红色童贞女"（the Red Virgin），并且一有机会就批评她。

与西蒙娜·韦伊不安分的校园生活形成对照，她的家庭生活保持着原有的宁静。1929年5月，她到巴黎高师上学的第一年春天，家里在战争结束后首次搬迁。漂亮的新公寓坐落在奥古斯特孔德街（Rue Auguste Comte）一座新近落成的大楼的第六和第七层，窗外就是卢森堡公园。（第七层，即大楼的顶层起初是给安德烈预留的，但因为他一年里多数时间都在外面教学，这里就变成了客房，经常用来招待西蒙娜·韦伊那一大群激进朋友中的某一位。）这里属于市区的蒙塔涅·圣吉纳维芙（Montagne Sainte-Geneviève）山地地带，各种景观尽收眼底，比如埃菲尔铁塔的远景、凯旋门的顶端、荣军院和先贤祠的穹顶、大剧院和卢浮宫的屋顶、圣礼拜堂的尖顶。韦伊医生和夫人在这套公寓里住到1940年，"二战"结束后他们回到巴黎，收回这套公寓，此后一直住到两人在

1955 年和 1965 年相继离世。安德烈·韦伊一家实际上到 20 世纪 90 年代后期才把位于奥古斯特孔德街的这套公寓卖掉。

全家搬到新居的那年春天，西蒙娜·韦伊七十九岁的外婆，曾强烈反对外孙女激进主张的海恩赫兹夫人因癌症去世。在老人去世前的几个月，西蒙娜·韦伊非常努力地与外婆和好，她请朋友来给老人弹钢琴，还亲自给外婆朗诵《悲惨世界》；两人进行了一次又一次长谈，似乎让老人平静了很多。韦伊夫人认为，西蒙娜·韦伊帮助外婆接受了死亡。

暑假里，西蒙娜·韦伊不放过每一个体力劳动的机会，与父母在一起的时间越来越少。有一年，她到汝拉（Jura）省的姨妈家小住，每天干十小时农活，在那里挖土豆。20 世纪 20 年代末，有两个夏天她都在诺曼底的朋友皮埃尔·勒泰利耶的家里度过，帮助朋友家收庄稼，表现得像个劳动狂。大家割下来的麦子被堆成一个个高高的麦垛，年轻的勒泰利耶告诉她要等男人来用叉子装车，西蒙娜·韦伊说："干吗是男人，我不行吗？"说话间，坚持光着胳膊抱起比自己还大的麦捆。晚上，那些农场工人努力要阻止她去卸麦子车，她还是那句反问。

她坚持和一起劳动的男人们保持同样的节奏。

西蒙娜·韦伊尝试做男人工作还有一个更戏剧化的例子。那是她在诺曼底海滨当渔民的一段经历。1931年是她在巴黎高师的最后一年，这年年底，她和父母到诺曼底海滨度假。因为感觉到女儿在情感上需要这种锻炼，韦伊夫妇就提前到诺曼底帮她联系加入捕鱼队。多数渔民都不愿带上一个毫无经验的女子，但一位名叫马塞尔·勒卡庞捷（Marcel Lecarpentier）、有艘四人船的渔民同意了韦伊医生的请求。

“我看到韦伊医生的女儿沿着海岸疯跑的时候，决心讨好韦伊医生一下，”这位渔民回忆，“她当时正穿着宽大的裙子下海。因为没穿防水服，全身都湿透了。本来我已经离开岸边，可我又调转船头，回去把她接上了。我借了一套油布雨衣把她裹起来……她拿着一个小本和一支铅笔。每个夜晚她都花好长时间画星座，写东西。”

勒卡庞捷最终欢迎西蒙娜·韦伊到他家里去做客，他们成了朋友。他留下了很长一段话，追忆西蒙娜·韦伊：

> 她不漂亮，而且不会照顾自己。她真可谓是衣衫褴褛。她父母对此感到痛苦……我们村

> 里的其他人……不断告诫我："别让她到你家里去。她是个共产主义分子，会给你带来麻烦。"我当时根本就不在乎。她有权坐在我的餐桌旁……而且，她不是共产主义分子。她过去常常教我的孩子《教理问答》(Catechism)。

风浪太大不宜出海时，西蒙娜·韦伊就帮助勒卡庞捷学习算术和法国文学；她回到巴黎以后又继续辅导了他很长时间。勒卡庞捷回忆说："后来的几个月……我总是把我的笔记本寄给她，她批改之后再给我寄回来。"

> 而且，她还继续给我寄书来……比如《阿拉斯加淘金者》(*Gold Seekers of Alaska*)……她想了解我们的痛苦。她想解放工人。这是她的人生目标。我就对她说："可你是富人的女儿。"她会说："这是我的不幸。我希望我的父母是穷人。"我于是告诉她："那样你就不会懂那么多，也不会学到那么多东西了。"她会回答说："不，不，你和我本可以达到同样水平的。"

勒卡庞捷的证言强调了西蒙娜·韦伊对物质享受的完全忽视，对多数工人家庭贫困问题的关注，以及对劳动者财务细节的高度重视。

> 尽管她家很有钱，她却讨厌服装和珠宝，她悄无声息而又轻而易举地超越了人们对她的想象。她热爱独处，热爱大海。她总是头痛，发作起来就像一阵阵的空虚来袭。有一次她真把我吓坏了……当时出现了可怕的风暴，我让她把自己拴在船上，可她拒绝了。"我做好了死的准备，"她说，"我一向忠于职守。"

"她跟踪我们工作，好像拿着显微镜一样，"勒卡庞捷接着回忆，"她盯着鱼的价格，做着除法运算。'你们为什么不成立一个合作组织，马塞尔？'她提出建议……她过去总是没完没了地问我有没有哪些家庭需要帮助；我没告诉她，因为我不想让她变得身无分文。"[3]

这段时间里，她尝试了各种各样的体力劳动，自师从阿兰以来逐渐形成的对工作的神秘感日益增强。她认为，工作才是通往自知的最真实途径，而且工作提供了社会凝聚力的唯一有效形式。因为在她看来，多数其他纽带——家庭纽带、情人之爱，甚至连接共同信仰者的宗教——都是由破坏性情感，由“引发所有战争的那类诱人协议”滋养的。而工作却以最纯粹的形式把人团结起来：“宗教让爱显现，但是工作……创造了平等和对人的尊重；这就是协同工作产生无可替代的永久友谊的原因。”[4]对待工作，这种亲马克思主义式观点基于明显而天真地把无产阶级理想化（如果还没有神圣化的话）。无产阶级在她眼里就是某种形式的当代圣徒。西蒙娜·韦伊根据自己在夜校给铁路工人讲授柏拉图和笛卡儿的经验，真诚地以为，一个工人，如果得到适当的学习引导，远比一般知识分子更能抵达真理。曾经有一天，西蒙娜·韦伊和佩特勒芒一起坐地铁，她指着一个身穿工作服的男人说：“你看，我不只是为了正义而爱他们。我很自然地爱他们，因为我发现他们比那些资产阶级美得多。”[5]

……

在巴黎高师，西蒙娜·韦伊继续被当作一个麻烦的假小子，咄咄逼人而又完全不谙世故，但她的坚定决心和理想信念令人钦佩。同学们在走廊里都设法躲开她，因为“她会猛地冲到你面前，请你在请愿书上签名，让你面对自己的责任……或者，请你给某个工会罢工基金捐款”[6]，她的同学卡米耶·马尔库说。马尔库也是阿兰的积极追随者。

西蒙娜·韦伊在巴黎高师开学的前几周遇到马尔库，当时她听了马尔库在学生开会时讲的话后很是赞同，于是就到男生食堂来突然招呼他：“你是马尔库吗？跟我来。”随后的几年里，他们一起漫步长谈，一起到咖啡馆对谈，一起到她帮忙设立的铁路工人教育中心授课。在铁路工人教育中心，他们两人都与中心创始人，阿兰的朋友吕西安·康库埃（Lucien Cancouët）结下了友谊。他们经常光顾康库埃家很小的两居室，与主人夫妇共进晚餐。有时候，对于西蒙娜·韦伊完全觉察不到男女生“通常”会发展的关系，马尔库也感到震惊。他回忆说：“康库埃以为我们之间不只是朋友关系。他总是带着暗示看着我们。我感觉很尴尬，而西蒙娜甚至从来就没注意到。”[7]马尔库也证实了西蒙娜·韦伊一贯的毫不妥协，以及因为一点小事就能与朋友断交的冷酷无情。曾经有一次，在介绍19世纪社会主义改良主义者蒲鲁东(Pierre-Joseph Proudhon）时，马尔库用了西蒙娜·韦伊特别讨厌的那位巴黎高师管理者，经济学家布格莱的一段文字，一下子就把西蒙娜·韦伊得罪了。“我讲完以后，她狠狠地把我骂了一通，”他回忆说，“后来，她告诉我的同志们，对她来说，我已经‘死’了。”韦伊夫人继续邀请马尔库来和西蒙娜一起弹钢琴，留他在家里吃晚饭，但有一段时间，西蒙娜·韦伊连看也不看他一眼。马尔库说：“她会在餐桌前坐下，一声招呼也不打，大家还没吃完她就离开了。”[8] 两人一年多以后才和好。

马尔库还回忆起西蒙娜·韦伊特别的专注力，说她能为了学习连续几天不吃不睡，这对她的健康可能造成了很大伤害。一旦她想要专心琢磨某些文字，就会把一卷卷的书铺展在地板上，跪着阅读，从一卷爬到另一卷，从房间一头爬到另一头，完全无视周围环境。为了学习几何学——她特别钟爱的科目——她过去常常到塞纳河岸边奥斯特里茨（Austorlitz）桥的一个桥墩附近去，在那儿，驳船上会卸下巨大的石头。她尤其为那些石头所吸引，因为她会联想到各种几何形状。每次马尔库来见她，都发现她跪在码头的人行道上，把整个世界抛到一边，沉浸在自己眼前的书里，偶尔手里还拉扯摆弄着一绺头发。

在巴黎高师的最后一年，为了准备期末考试，西蒙娜·韦伊给自己制定了一项宏伟计划。比如，仅在道德哲学领域，她就列出了如下必读书单：

> 精读：亚里士多德、边沁、叔本华、尼采。
>
> 泛读：斯多亚学派、伊壁鸠鲁学派、怀疑派（蒙田），笛卡儿、卢梭、蒲鲁东、孔德……马克思、托尔斯泰。
>
> 认真回顾：马基雅维利、霍布斯、莱布尼茨……柏格森、谢林、费希特、黑格尔、列宁。
>
> 快速回顾：普罗提诺、中世纪、培根（？）、马勒伯朗士、伏尔泰、百科全书派。
>
> 系统研究：前苏格拉底学派、智者派、苏格拉底、柏拉图、洛克、休谟、伯克利、斯宾诺莎、康德。[9]

西蒙娜·韦伊在巴黎高师的最后一篇论文选择的主题是“笛卡儿哲学中的科学与感知”，这篇论文是获得毕业文凭到公立中学或大学教书的一个必要条件。对这篇论文的最佳描述是：以笛卡儿更个人化、更多思考的《沉思集》(*Meditations*)风格对他《方法论》(*Discourse on Method*)的再思考，其中着重强调了自我掌控。但是，她使用的方法与笛卡儿的方法略有不同，显示出阿兰强调的纯粹意志对她的影响。在西蒙娜·韦伊的论文里，笛卡儿的"自我意识"采取的形式是"我能故我在"(I *can*，therefore I am)。"从我行动的那一刻起，我就使自己存在了……我是什么是由我能做什么确定的。"

西蒙娜·韦伊这种早期的写作已经揭示出她后来作品简洁、诡异的风格。她的简洁措辞使人想到禅宗格言中的神秘意外之语("空是唯一的丰盈")，还使人想起帕斯卡《沉思录》中高深莫测的简约，后者对她影响至深，远超过其他任何一部法国经典作品。

> 我必须迂回曲折、深谋远虑，我必须给自己设置障碍，让它把我引到我想去的地方……[10]
>
> 上帝的存在从某种意义上是由信仰上帝的极度艰难证明了的……[11]
>
> 善是……我们摆脱作为个体自我的举动……以确证我们是真正的人，即上帝之光照临的人……

> 上帝经由正确的行动证明与安置，此外无他……人必须配得上信仰上帝。[12]

由此看来，二十一岁的西蒙娜·韦伊还深受康德影响：信仰上帝主要就是正确行动。尽管她对宗教问题极感兴趣，在与持不可知论的朋友辩论时会满怀激情地为帕斯卡神秘皈依的真实性辩护（“进驻我心吧……以便能通过我来保持你仅存之激情。”[13]她在上学期间写的一篇论文里引用了帕斯卡的一句祈祷词），但是她依然认为宗教与道德非常接近。与心中上帝交流的可能性似乎依然与她相距遥远。在她看来，上帝的存在无须确认，也无须否认。

在巴黎高师，西蒙娜·韦伊选择的论文导师是非常有影响力的哲学家莱昂·布伦瑞格（Léon Brunschvicg）。布伦瑞格是研究帕斯卡的首席专家，他编辑评注的《思想录》至今无人超越。她对导师的选择使人进一步洞察到她对帕斯卡的亲近——她为自己树立了一个历史人物楷模，这符合她积极进取的特性。她对这个楷模既钦佩又批评，而且还能经常与之辩论。尽管非常不喜欢帕斯卡的神学理论，她却和他一样对正义问题着迷，有着强烈的禁欲倾向，对权力和所有形式的民族主义非常不信任。她对自己选择的现实生活中的导师——令她既尊重又嘲弄的、相当保守的布伦瑞格——的态度同样具有对抗性：她在巴黎高师的四年里，从未就论文问题向导师进行过咨询，一次也没有，这令布伦瑞格极为不悦。像布格莱一样，布伦瑞格因为西蒙娜·韦伊是阿兰的追随者从一开始就对她不信任，因为他厌恶阿兰奇特的激进理念。他给西蒙娜·韦伊这篇笛卡儿研究论文打了十分，满分是二十分，这是一个学生得以勉强及格的最低分数。

巴黎高师和索邦大学一样，要取得教师资格，必须通过笔试和口试。1931 年，西蒙娜·韦伊毕业那年，哲学笔试的两个考题分别是："休谟因果论""道德评判是否必须涉及行为、意图或性格？"口试方面，西蒙娜·韦伊的考题是"自然与艺术中的美"。她的几位同学旁听了她的口试环节，满分二十分，她取得了十九分的好成绩。然而，因为布伦瑞格对她论文的敌视态度，她的综合成绩仅是中等水平。在一百零七人的班级里，有十一名学生获得了毕业文凭，这个比例很正常，因为只有很少的巴黎高师学生能通过那些折磨人的系列考试。西蒙娜·韦伊以第七名的成绩毕业，这个名次令她失望。

在预言这一届毕业生的考试情况时，据说西蒙娜·韦伊的死对头、督学布格莱这样说起她：“至于那位红色童贞女，我们就不打扰她了，让她为即将到来的革命制造炸弹吧。”布格莱对她另外还有一段刻薄的评论。那是教育部来面试他的毕业生的时候，教育部的人一般会询问巴黎高师的学生他们更倾向于到法国哪个地区做教师，布格莱为西蒙娜·韦伊的未来做好了充分安排：“我们要把这位红色童贞女发配到尽可能远的地方，这样我们就再也不会听到她的名字了。”这是他对西蒙娜·韦伊的一个同学讲的。

实际上，西蒙娜·韦伊毕业时并不十分确定自己是否真的想到中学去教书，因为她脑子里一直在转着去工厂上班的念头。但是，当时的经济危机太严重，接近尾声的经济大萧条在1931年给了法国重重一击，所以西蒙娜·韦伊决定延迟自己去工厂工作的计划。她也因此到仲夏时节才写信给教育部，请求到法国北部去教书：“最好是港口市［如果可能，去勒阿弗尔（Le Havre）］或工业城镇。”然而事与愿违，她被分配到了法国南方的勒皮（Le Puy），在里昂西南七十英里处，从巴黎乘火车需要九个小时，正好称了布格莱的意。这个地理位置令她大为惊骇。她想方设法通过一位下议院议员去游说，希望改变这个安排，但教育部拒绝了，其答复是：大学刚毕业的学生“无权选择自己的岗位，也无权因自己的意向岗位取消任命”[14]。

韦伊夫人和她的“小西蒙娜”在9月底出发去勒皮。这是一个风景如画的小城，居民一万五千人，以漂亮的罗马教堂和巨大的圣女马利亚铜像闻名，本地生产的蕾丝也远近皆知。西蒙娜·韦伊在城中穿行时，第一眼看到的事物中有一张印有马利亚铜像的明信片，背景是巨大的山崖，明信片上写着“勒皮的红色童贞女”。她把这张明信片寄给了布格莱。

Community

二 社会

西班牙内战期间，身着制服的西蒙娜（1936 年夏）

斗争岁月

随后几年，女儿被安排到哪里教书，韦伊夫人就陪伴到哪里。她为女儿找房子，每月把食品柜塞满，同时想办法不让女儿损害自己的健康。在勒皮，她甚至还陪同西蒙娜·韦伊去见学校的女校长。那次的拜访令西蒙娜·韦伊非常紧张，她居然把帽子和白手套都戴上了。这位二十二岁的女士看起来太过年轻，去见校长时竟被学校门房错当成学生，问她来哪个班报名。拜访过“校长女士”，韦伊母女开始找房子。勒皮的居住条件比较简单，韦伊夫人很快为女儿找到一处带浴室的公寓，这种公寓在勒皮只有很少的几套。可这套房子是个五居室，一个人住太大，尽管韦伊夫人百般劝请西蒙娜·韦伊在中学的一位同事来与女儿同住，她还得用尽浑身解数说服女儿住到那里去。西蒙娜·韦伊特别不喜欢房子里有客厅，不久就将其变成了一个大衣帽间，里面拴满绳子，用来挂两位女士的衣服，干衣服和洗好的衣服都挂在里面。韦伊夫人还为她们请了一名女佣。西蒙娜·韦伊坚持付给女佣工会规定的每小时五法郎熟练工人工资，而不是一般家里帮佣的两法郎工资。甚至连女佣自己对这么高的工资都提出了抗议，因为她害怕自己卷入了不诚实的交易。而为了对这种高薪待遇做出补偿，女佣自己还带来了大包大包点火用的松果。

除了用于生火，西蒙娜·韦伊还说服室友，把这些大包的松果当成座椅来用。这位室友也是阿兰的学生，名叫西蒙娜·安泰里厄（Simone Anthériou）。西蒙娜·韦伊出于对那些烧不起暖气的失业工人的同情，决定自己房子里也不烧暖气。（要是知道大多数失业工人都住在供暖良好的地方，她会很吃惊的。）而她母亲又有更多理由担心她了：她的小西蒙娜似乎出现了日益严重的进食问题。安泰里厄小姐很快就注意到，一日三餐对她这位室友已经成了很可怕的事。西蒙娜·韦伊只吃一点点非常新鲜的最高质量的食物——梨上面若有一点小瑕疵，她就不吃了。每当偏头痛发作，她这个问题就越发严重。这种时候她常常呕吐，除了生土豆丝，什么也吃不了。（值得注意的是，尽管她父亲从不承认女儿有厌食症，但西蒙娜·韦伊的朋友们从她离家开始就对她的厌食症症状做了记录。）韦伊夫人给她们俩送去大包的食品，不断想出各种办法保持女儿的健康，甚至还偷偷地给安泰里厄钱，请她去买最好的肉。两位女士的居家技巧显然接近于零。“培根你是生吃还是做熟了吃？”在一封家信中西蒙娜·韦伊这样问母亲。“那个地方冻死人，没有暖气，有好几天都是零下三四度，”韦伊夫人不久后写信给在印度一所大学里教书的儿子安德烈时抱怨，“我跟这个可怜的小精灵生不起气来，她对我总是那么好，那么亲……她晚上只吃土豆，或拿可可粉冲水喝，其他什么也不吃……还有进食障碍！”[1]在另一封短笺里，她对儿子这样感叹：“确实不行，她不能结婚！”韦伊夫人经常奔波劳顿，坐九个小时火车从巴黎到勒皮去，她说她才是布格莱——西蒙娜·韦伊在巴黎高师的压迫者——陷害的那个人。

西蒙娜·韦伊在勒皮的哲学班上有十五名女生，她同时也讲授希腊语和艺术史课程。起初，学生们感觉她笨手笨脚的样子、拿粉笔的怪异姿势和衣着的完全不修边幅很可笑。但仅仅几周时间，她们就开始深深地崇拜她了，而且还保护她，以免她因笨拙而出洋相，比如她们会帮她换毛衣，因为她自己经常把毛衣里外穿反。她第二天就能把学生论文发回去，里面做了精细的批改，尽管上面常常有烟烧的痕迹；节假日，她很关心那些孤独的住宿生，她会到学生宿舍去，和她们聊天；对那些拉丁语学得不太好的学生，她耐心而大度地给她们个别辅导；所有这一切都让学生深为感动。她褴褛的教士服和穿着凉鞋的一双赤脚让学生想起某位中世纪的隐士，她们称她“西蒙娜女士”或“韦伊嬷嬷”。她们感觉她太鼓舞人心了，因此在她开设科学史方面的选修课时，所有人都去听了。她自甘贫穷的光环以及苦行僧般生活的无序都深深触动了她们。“她笨拙的姿态，尤其是那双手的姿态，”一个学生回忆起她当时的样子，“她厚厚的镜片后面犀利的目光，她的微笑，她所有的一切都散发着率真坦诚和忘我精神，揭示出一个高尚的灵魂，那是她在我们中间激起的各种情感的确凿本源。”[2]假使她们对西蒙娜·韦伊生活中的其他方面了解得更多，还会生出更多的钦佩之情。毕业于巴黎高师的中学教师拿的是全国最高的教师工资；她认为自己的薪水是令人无法忍受的特权，所以只取刚刚入职的非巴黎高师毕业的教师同样的薪水，其余的钱都捐给了失业者基金。

西蒙娜·韦伊在法国非常困难的时期加入了工人队伍。爵士乐时代各种令人眼花缭乱的假象——繁荣、和平与进步的错觉——到 1931 年都被停滞不前的感觉和日渐增加的焦虑替代。农民和企业工人中的不安情绪越来越高涨，而资产阶级似乎比以往任何时候都更抵制革新。

法国政府的快速更替只是社会不稳定的迹象之一：1919年到1940年间，法国经历了四十二届政府，每届政府的平均执政时间仅六个月。1929年，大萧条袭击华尔街时，法国的统治阶层还沉浸在经济繁荣的美梦里，他们认为，美国的灾难根本触及不到法国。两年后，随着1931年9月英镑的贬值，法国经济崩溃，由此产生了灾难性的后果。仅仅几个月时间，也就是西蒙娜·韦伊开始在中学教书的那年秋天，法国工业生产值下降了80%，失业率上升到20%。极端的右翼运动在乡村地区突然兴起，由共产主义者发起的工厂罢工不断使生产遭到破坏。在随后两年里，德国纳粹的崛起，苏俄极权主义的日益凸显，都使法国领导人觉得必须对外交政策进行重大调整。

西蒙娜·韦伊周围那些进步的年轻知识分子到1931年都深受欧洲左翼运动中传统的非理性和平主义影响。他们对传统的国会政治和不受限制的资本主义表达了同样的反感，他们认为1929年的经济危机就是这些造成的。查理·卓别林的《摩登时代》在西蒙娜·韦伊的圈子里非常流行，这反映出他们对西方丧心病狂、灭绝人性的工业精神的谴责态度。但他们的批评还要更进一步。这种批评采取了多种形式：普遍反对大多数形式的物质主义和理性主义，急于寻求新的道德模式与精神复兴，坚决不受制于越来越没有人情味的政府权力机构。

西蒙娜·韦伊没有完全投身到这些思潮中去，但吸纳了其中不少主张。她的同代人批评资本主义的浪费和压迫性，排斥工业精神，满怀激情地支持工会斗争，否定第三共和国的政治体制，这些她都坚决支持。但是，她远比大多数同时代的人悲观，她相信，欧洲很快会卷入另一场比第一次世界大战更具破坏力的全球冲突。她断然拒绝任何形式的虚无主义，仍然是一个理性主义者，对人类思维获得客观知识的能力抱有信心，她也因此与大多数同时代的人分道扬镳。此外，她那一代的知识分子往往同情共产主义，而她从巴黎高师毕业时已经因为对政党官僚政治的憎恶渐渐难以容忍共产主义。而且，不同于巴黎高师的多数毕业生，她对自己所属的知识分子阶层极不信任。她仍然相信马克思的主张，认为只有消除了知识分子和体力劳动者之间的等级差异，无产阶级才能获得解放。

因此，在这一时期，西蒙娜·韦伊在政治上坚定地支持革命工团主义（Revolutionary Syndicalism）。革命工团主义是根据法语中表示工会的词“syndicat”命名的政治派别，本质上属于回避议会政党政治的无政府主义运动，倡导工人阶级的直接行动，比如大罢工；致力于建立一个基于工人生产单位的社会秩序（在工团主义者看来，只有工会，而非政党，才能形成保障工人不受剥削的社会基础）。革命工团主义受蒲鲁东的巨大影响，逐渐摆脱法国工人阶级强烈的无政府主义和反议会传统，是19世纪末蓬勃发展的工会运动的支柱，当时法国第一个主要工会法国总工会（Confédération Générale du Travail）成立。革命工团主义一直主宰着法国总工会的意识形态，直到第一次世界大战结束。此后总工会中很多激进成员因受到共产主义吸引，成立了一个对立的工会组织——联合劳工总联盟（Confédération Génerade du Travail Unitaire）。尽管革命工团主义在十月革命后法国共产党的成立中起了主要作用，但到1924年，大多数革命工团主义者都已离开共产党或被驱逐出党，变成了一个非常仇视共产主义的、小小的独立左翼团体。

到20世纪20年代末西蒙娜·韦伊开始以工会会员的身份工作时，法国总工会继续保持着高于所有其他党派的地位，而联合劳工总联盟依然与共产党关系密切。到1931年，很多左翼积极分子，其中包括西蒙娜·韦伊，认为这两个工会组织应该重新联合起来。成为中学教师后，西蒙娜·韦伊主张，把属于法国总工会的小学教师工会和属于更激进的联合劳工总联盟但仍独立于共产党之外的中学教师工会联合起来。她既支持总工会的政治独立，也同样支持联合劳工总联盟的阶级斗争。她尽心尽力地参加双方的会议，不遗余力地要促成二者的合并。

到勒皮任教后，除了工会工作，西蒙娜·韦伊还投入到两类主要的政治活动中：一类是继续她曾经在巴黎做过的事，为工人继续教育班授课；另一类是帮助失业工人家庭，这样的家庭在法国中南部地区特别多。进行这两类活动最近的城市中心是圣艾蒂安（Saint-Étienne），一个大型采矿城市，从勒皮坐火车需要三个小时。她到勒皮后的第一周就去圣艾蒂安拜访当地总工会的一位官员。这位官员是巴黎的朋友们推荐给她的，名叫于尔班·泰弗农（Urbain Thévenon），也是学校教师。他为蓝领工人开设了夜校。西蒙娜·韦伊给同是教师的泰弗农夫人的第一印象肯定是令人不安的。“泰弗农是住在这儿吗？”西蒙娜·韦伊冲着她问道。她当时正站在自家公寓门口，一只手里拿着针线活儿。得到肯定的回答后，西蒙娜·韦伊很粗鲁地挤着她的肩膀，把她扫到一边，径直朝着泰弗农工作的房间大步走去。似乎各位工会领导人的夫人都敌视西蒙娜·韦伊，经常不让她见她们的丈夫，于是她发明了这样一种绕开她们的方式。

虽然初次相见的情形使人尴尬，西蒙娜·韦伊还是很快赢得了泰弗农夫妇的好感。就在她初来拜访的那天，夫妇俩请她共进晚餐，还留她住在家里，他们三个很快就密不可分了。那年，“韦伊同志”（工会圈里人都这样称呼她）每周两次利用休息时间到圣艾蒂安上课。她周六、周日都在凌晨四点起床，到泰弗农开办的工人班教授拉丁语和法国文学。她满怀激情地相信，要消除马克思所说的“智力劳动与体力劳动之间不体面的差别”，工人必须加强自己的表达能力，特别是对书面语的掌握。“革命的本质是继承人类文化遗产，继承先辈的所有遗产。”[3] 她到勒皮的第一年这样写道。

还是在这几个月，西蒙娜·韦伊开始为几家激进的左翼刊物撰稿，包括《人民之声》（*Le Cri du Peuple*）、《奋进》（*L'Effort*）、《解放学校》（*L'École Emancipée*），还有特别值得一提的《无产阶级革命》（*La Révolution Prolétarienne*）。《无产阶级革命》由革命工团主义者创办，旨在使工人阶级运动避免两个对立的危险倾向——被资产阶级理想腐蚀和被莫斯科控制的共产党拉拢。然而，使她在勒皮备受争议的既不是她的文章，也不是她的行动主义，而是她对失业者的支持以及她在表明自己政治同情时常常表现出的直言不讳。对失业者，市议会曾经象征性地有所表示，就是在一个当地采石场为工人提供工作，但其报酬远远低于最低工资水平，根本不能养家糊口。12月，几十名失业工人到市长家集会，要求改善工作条件，提高工资，但市长未能给他们满意的答复，当天，他们闯进了市议会的会议室。尽管西蒙娜·韦伊在这种公开场合没有讲话，但她整个秋天都在参加这些工人的会议，是工人代表团成员，这对一名法国中学教师而言是一个很有问题的身份，因为教师是正式公务员。当地媒体开始对西蒙娜·韦伊进行无情攻击，把她描述成“戴着眼镜穿着真丝护腿的知识女士”（她从来都只穿厚厚的羊毛长筒袜），把她归为“那些想引起轰动，像腐殖质上的蘑菇一样要在穷人的痛苦上使自己飞黄腾达的人之一”。对她所属阶层的妇女与无产阶级搅在一起，人们的偏见就是如此：在工人闯会场的第二天，她被叫到本地学校的督学那里。督学根据警察交给他的报告问了她一些极幼稚的问题：她是否真的和一群失业工人去过咖啡馆？她和失业工人真的握过手吗？当时她手里真的拿着一份《人道报》？

接下来的这个月，西蒙娜·韦伊陪同上次那些工人又去找市长（尽管工人们从未把她当成他们中的一员，但他们视她为慷慨善良的福星），当地媒体的措辞更加激烈了。右翼报纸《备忘录》（*Le Mémorial*）写道："韦伊女士（原文如此），利未支派的红色童贞女，莫斯科福音的传播者，已经给那些可怜人洗脑了。"这时，国家媒体也加入进来。巴黎《喧声报》（*Charivari*）把西蒙娜·韦伊称为"那位犹太裔韦伊女士，莫斯科的战士"。1月底，勒皮市长请教育部把西蒙娜·韦伊打发走，她再次被督学叫来，这次是请她签署调离申请。了解到她的意向后，作为诱饵，督学甚至还提出让她到圣康坦（Saint-Quentin）去。圣康坦是距离巴黎很近的工业城市，有一个很大的蓝领工人社区。但此举马上招来了各种抗议，大家都为西蒙娜·韦伊辩护。本地矿工工会、几十名教师同事、众多学生父母、她自己所属的教师工会，甚至人权组织都在请愿书上签字，证明她是敬业的教师和正直的公民。但西蒙娜·韦伊最亲密的朋友也比不上哥哥安德烈对她最近对抗行为的支持。安德烈刚刚与他任教的印度大学校方发生了冲突。他给她写了一封热情洋溢的贺信，信中，他称她是“惊人的现象”（Amazing Phenomenon）[她在回信中称哥哥为“亲爱的本体”（Dear Noumenon）]。

勒皮当局意识到通过官方谴责无望，到2月时平静下来。市议会发了慈悲，答应给采石工他们要求的每天二十五法郎的最低工资，同时改善工作条件。

工会斗争、一年撰写数十篇文章、在中学里全职任教、周末六小时往返圣艾蒂安去工人教育中心讲授她精心准备的课程，这种过度活跃以“永远有紧急情况要处理”为由，实际上是她非常频繁出现的进食障碍的症状。韦伊夫人抱怨说:“西蒙娜在拿过度工作累垮自己。”但西蒙娜·韦伊想离开勒皮并非为了避免过度工作或受人争议，这两样她其实都乐此不疲。这座小城太偏狭了，工业化程度不够。这年春末，她按自己的意愿申请调离，这肯定让市政府的官员们大大舒了一口气。

……

1932年夏季学期末，西蒙娜·韦伊开始了她期待已久的德国之旅。整个20世纪20年代，欧洲的左翼积极分子都把德国视为最可能发生下一次大规模革命的地方。

从童年时代起，西蒙娜·韦伊就对这个国家特别寄予了深切同情，那时她就曾谴责《凡尔赛和约》的苛刻条款。但是，1932年，西蒙娜·韦伊的柏林之旅又有了其他关注点：她想分析快速崛起的纳粹党的权力基础；她希望弄清楚德国的工人阶级——公认的欧洲受过最好教育、组织得最好的无产阶级，何以竟可悲地投靠了希特勒。

在1932年4月的选举中，阿道夫·希特勒所在的国家社会主义工人党（Nationalsozialistische Deutsche Arbeiterpartei）获得了47%的选票。到7月，经过一连串的大罢工后，这些所谓的“纳粹党人”在德国国会中的代表人数翻了一番，成为德国第一大党。西蒙娜·韦伊八九月份驻足的柏林，现在成了欧洲最危险的城市。街头骚乱、食品短缺、暗杀行动以及欧洲前所未有的大规模失业，使这座城市伤痕累累。韦伊医生和夫人因为非常担心女儿的安全，总是想方设法以各种微妙或不那么微妙的方式保护她。他们决定夏天的那几个月在汉堡住下来，坐火车六小时可以到达女儿所在的德国首都，西蒙娜·韦伊当时和一个共产主义工人阶级家庭住在一起。和所有韦伊家的人一样，她能讲一口相当流利的德语，而她的主人家也视她为家中一员。她行为中唯一使他们不安的地方是她吃得太少，远远少于自己那一份儿的量；她设法把尽可能多的食物留给家中的孩子们。在西蒙娜·韦伊即将搬离那里之前，韦伊夫人曾经去看过她，女主人对韦伊夫人说："你女儿的饭量太小了。"

西蒙娜·韦伊去参观工厂，与不同派别的工会领导人见面，在街角和咖啡馆与数以百计的市民交谈。她与托洛茨基（Leon Trotsky）的儿子列夫·谢多夫（Leon Sedov）建立了谨慎的友谊，尽管她经常就政治问题与他发生激烈的争论。列夫·谢多夫与父亲一起流亡至此，但一直坚守自己的信念（托洛茨基与苏联共产党公开决裂是几年之后的事了）。那年夏天，西蒙娜·韦伊在写给朋友们的信中谈到，对德国人民的饱满精神和求知勇气，她抱着极大的热情。"德国工人的文化水平令人难以置信……相比之下，法国人都在睡觉。"尽管痛惜德国青年正在成为人气大涨的希特勒的牺牲品，西蒙娜·韦伊对他们还是特别佩服。"很难想象，这些杰出的德国工人阶级的子弟，这些活跃在运动场、在露营、在唱歌、在读书……的年轻人会沦落到效忠一个军事独裁政府。"[4]她对德国的观察记录发表在1932年秋的《无产阶级革命》和《自由言论》（*Libre Propos*）期刊上，标志着她的政治思想发展到了顶峰。她对德国形势的研究使她意识到，马克思主义者曾经预言的那种无产阶级革命在她所处的时代已经不可能。之所以出现这种僵局主要是因为白领雇员的人数在 20 世纪 20 年代资本主义扩张时期已经增加到超出所有人的预期。这个阶层的人始终谨慎提防与蓝领工人联合。此外，失业工人的绝对数量阻止了就业者的激进化。这个数量使就业者变得胆小、温顺，因为经理们可以随意解雇那些有反叛精神的工人。

西蒙娜·韦伊对 1932 年 8 月的德国所做的思考和评估也证实了她的怀疑：俄国共产党就像它在欧洲所控制的所有共产党一样，已经完全腐化。而在西蒙娜·韦伊看来似乎特别令人痛惜的是，尽管德国共产党很快会遭到希特勒的残酷迫害，但他们通过集中精力要打败自己的宿敌社会民主党，反而在希特勒的崛起中起了重要作用。从当代历史分析的角度看，读者会惊异于西蒙娜·韦伊敏锐的观察力。不过，在她的报告中，20 世纪 30 年代德国的一个重要方面却意外缺失：她没有提到纳粹分子已经非常激烈的反犹言论。

西蒙娜·韦伊有关德国的文章发表后不久，在 1933 年 1 月的最后几天，她对形势的悲观估计得到了证实：国会纵火案触发的恐慌蔓延全国，希特勒被任命为总理，使大批犹太人、工会会员、共产党员、社会主义者和各种各样的左翼人士纷纷逃离德国。苏联与希特勒勾结，对德国共产党员关闭了边境。

1932年秋，西蒙娜·韦伊回国，此后不久，她开始到奥塞尔（Auxerre）的一所中学任教。奥塞尔是一个风景如画的小城，在巴黎东南，从巴黎乘火车需要三个小时。她和巴黎仍然保持着密切联系，竭尽所能为蜂拥到法国的一些德国难民寻找避难所。一群流亡者——其中很多人无疑是寄生虫和双重间谍——现在开始涌入西蒙娜·韦伊长期受苦的父母家里。其中有一个社会主义者，食量巨大，是带着女友一起来的。他把自己的袜子和衣服都交给韦伊夫人缝补，然后又对她的针线活说三道四。另一个有名的托洛茨基拥护者库尔特·兰道（Kurt Landau）不久前与托洛茨基发生了争执，追着韦伊夫人到厨房，给她大讲特讲自己的政治理论，而当托洛茨基的儿子来拜访时，又不得不藏身到后面的卧室去。

西蒙娜·韦伊竭力使自己保护的德国难民过得舒适，尽管她自己在奥塞尔并不愉快。她发现这里远比勒皮庸俗、保守。她的很多学生都来自军官家庭，比勒皮的学生懒散。她想念泰弗农夫妇以及所有在圣艾蒂安的工会友人。她在这里与其他教师的关系也不好。她通过自己在教师会议上的极端行为表达不满，整个会议期间，她都坐在那里抽着烟，头也不抬地读着手里的激进派报纸，好像故意要得罪这些同事一样。在家中狭小的公寓里，她对饮食的忽略程度比以往任何时候都更令人心疼，而她仍然继续把自己教师工资中剩余的钱都给了那些失业者。每隔几周，韦伊夫人就要给女儿来个突然袭击，她偷偷去贿赂附近一个酒馆老板，确保女儿偶尔能吃上一顿像样儿的饭。圣诞节假期，西蒙娜·韦伊有时间休息了，她到瑞士去拜访当年文科预备班的朋友佩特勒芒。第一次蹬上滑雪板，她坚持用最艰难的方式自己爬上山顶，而每次滑下来她都会摔倒。"太有毅力了！"一位旁观者不停地重复道，他站在佩特勒芒旁边一起看着西蒙娜·韦伊异乎寻常的笨拙姿态，"太有毅力了！"

1933年春，就在她关于德国的文章发表期间，她又写了一篇文章，题为"视点：我们在朝着无产阶级革命的方向前进吗？"（Perspectives: Are We Heading Toward the Proletarian Revolution）。她在文中对马克思主义和共产主义进行了迄今为止最严厉的批评。她主要强调了这样的事实：现代政治制度不能像马克思曾经宣扬的那样分成资本主义和社会主义，而很可能会出现其他完全不同的制度类型。她对苏联的谴责和法国任何一个左翼人士提出的批评一样强烈，反映出她受了朋友鲍里斯·苏瓦林（Boris Souvarine）的影响。苏瓦林是出生在俄国的杰出的革命工团主义者，对法国共产党的成立起了一定作用，但几年后因为不服领导遭到驱逐。

苏瓦林是斯大林的第一位传记作者，也是最早对苏联进行最激烈批评的最有见识的左翼批评家之一。他很快就成了西蒙娜·韦伊最挚爱的朋友。他无疑在使西蒙娜·韦伊反对苏俄政权方面起了关键作用。西蒙娜·韦伊从1933年开始抨击苏俄政府，在苏瓦林的鼓励下，其抨击的火药味越来越浓。在她的作品里，在她参加的无数工会会议上，她都把俄国的共产主义与希特勒的国家社会主义相提并论。她宣称，俄国政权并不像托洛茨基所相信的那样，只是马克思承诺的无产阶级专政的“官僚政治变形”，而是另一种形式的法西斯主义。她指责列宁和托洛茨基对工人阶级进行了残酷剥削，与最残暴的资本家别无二致，对工人同样产生了毁灭性的后果。“世界上没有一个国家，甚至日本，其劳动人民遭受的痛苦、压迫和羞辱能超越俄国。”她还攻击斯大林政府用“悉心培育的狂热”给人民洗脑，让他们以“一种神秘奉献和恣意妄为相混合”的状态接受形式各异的艰难处境。因光辉的十月革命而诞生的这个国家，在她看来，已经变成“会有条不紊地摧毁一切积极性、一切文化、一切思想的体系”。

西蒙娜·韦伊在《视点：我们在朝着无产阶级革命的方向前进吗？》一文中表达的强烈的反苏观点在今天已成为世纪之交时代思潮的重要部分。可想而知，在1933年，对于左翼读者，这是怎样的异端邪说。这篇文章在《无产阶级革命》刊发以后，该杂志一篇题为“没那么悲观！”（Not So Much Pessimism！）的社论批评了西蒙娜·韦伊“崇高的知识分子的无奈”，同时提出质疑：这与她一贯支持的革命工团主义有什么共同点？托洛茨基也严厉批评西蒙娜·韦伊，说她为“个人反社会”辩护。托洛茨基到第二年才与莫斯科公开决裂，他把“个人反社会”立场划归“廉价的无政府主义激情造成的旧自由主义规则的现代化”。然而，其他反苏的左翼同事却对她的文章大加赞赏。劳工领袖马塞尔·马蒂内（Marcel Martinet）认为，自罗莎·卢森堡（Rosa Luxemburg）以来还没有人写过这么犀利的政论。苏瓦林认为她是“多年来工人运动产生的唯一杰出的知识分子”[5]。

尽管有苏瓦林的支持，但西蒙娜·韦伊不得不接受的事实是，因为她的反苏观点［法国第一位有名的攻击苏联的左翼知识分子安德烈·纪德（André Gide）直到1936年才公开他的观点］，在主流左翼人士中间，她正在变成被排斥的对象。1933年她跟着教师工会代表团去参加一个反战反法西斯主义的行动委员会会议的经历就是一个例证。她站起来向共产党代表询问持不同政见的社会主义者维克多·谢尔盖（Victor Serge）的消息时，被斯大林主义者大声喝止。据说维克多·谢尔盖被关押在苏联监狱变成了反苏左翼最初最有名的理由。同年8月，她在自己工会的年度大会上又有一次同样的经历。参加教师联合会大会的共产党员带来了一个苏联代表团，以扩大自己的势力。西蒙娜·韦伊上台发言，批评苏联政府对所有德国政治难民，甚至对共产党员都关闭了边境，她被台下高声喊叫的“毒蛇！”声喝止。若不是朋友围成一圈把她保护起来，她肯定会受到人身攻击。需要注意的是，有关西蒙娜·韦伊的很多政治姿态都有大量戏剧化的场景。有一次，她的一群反共产主义的左翼朋友希望在一个政治会议上发放一些小册子，但又不想与那里随时可能付诸暴力的共产党员发生对抗；西蒙娜·韦伊干脆不管这些，把一大包的小册子都散放到会议室走廊里。这些小册子马上就被那些共产党员拿走了，根本就没到目标读者手里。讲述这段经历的朋友说，西蒙娜·韦伊特别喜欢“无端冒险和无谓牺牲”。

1932—1933学年即将结束，但西蒙娜·韦伊在奥塞尔的生活还是毫无乐趣可言。她的一种排遣方式是偶尔去干些体力活儿，比如到一片分给工人的土地上挖土豆，或到一个共产党员水暖工开的商店里帮忙，她给这个水暖工取了两个别名：“罗比内”（Robinet）和“水龙头”（tap）。（她下定决心要展示共产主义的缺陷和不足，与他辩论毫不留情，致使他开始遭受重度失眠之苦。）而西蒙娜·韦伊的头痛病又比过去严重多了——有时候她病得只能坐在讲台前，双手抱着头听学生读书。她与奥塞尔中学管理层的关系也没有改善。她告诉学生，中学毕业会考“只是个惯例而已”，对通常的考前准备不屑一顾。也许是仿效阿兰的缘故，她的教学大纲非常不正统，里面仅包含三部作品——笛卡儿的《方法论》、康德的《未来形而上学导论》和柏拉图的《理想国》。她讲课的语调一成不变，不时把头发抓弄得凌乱不堪，有时她会穿插引用一些小说家的话和诗人的诗句，特别是托尔斯泰、巴尔扎克和瓦雷里的名句，如瓦雷里《年轻的命运女神》（“La Jeune Parque”）：“血已不是她的秘密，奈她若何？大片猩红离去，弃她于苍白的静谧之中……”教育部一位督学听了她的课以后说她“与众不同……其真诚与信念感人至深”；但他发现她的课尽管“内容详细丰富”，但“很散，甚至很混乱”。所以，尽管西蒙娜·韦伊自始至终都为学生慷慨地付出了大量时间，但到学年末，奥塞尔中学的校长还是很轻易地通过取消学校所有哲学课把她打发走了，她原来的学生都被安排到本地的男子中学去修习哲学。

艰难的一年过去，西蒙娜·韦伊自己都想休假了。8月，她与父母和艾梅·帕特里（Aimé Patri）在西班牙度过。艾梅·帕特里是她结交的一个朋友，是哲学教师，还是托洛茨基派活跃分子。她父母很少见她那么放松愉快。她每天大部分时间都在游泳、晒太阳，泳装都很少换下来——宾馆老板甚至还因为她穿泳装到餐厅吃饭而训了她，让她去披件外衣。这个假期，她摘下了厚厚的眼镜，脱下了一直丑化她的那套褴褛衣装。朋友艾梅·帕特里记得当时被她的美震住了。

1933年秋，教育部又给西蒙娜·韦伊安排了一个岗位。这次是到里昂西北六十英里的大型制造业城市罗阿讷（Roanne）任教。这所特别的中学给她提供了到目前为止最好的教学环境。她只有五个学生，这些学生都喜欢她，师生六人经常在学校的花园里见。“我们班真的很有家庭气氛，”她的一个学生回忆，“我们在完全不受干扰的氛围里第一次认识了伟大思想。”[6]尽管校长不能说服她给学生打分，而且她的同事觉得她是个“来去匆匆、沉浸在像《资本论》那样伟大的德语著作里的神秘人物”，她还是受到了极大的尊重和爱戴。她喜欢这份工作，还因为这里到圣艾蒂安坐火车只需三个小时，完全可以让她接着到那儿去给工人上课，而且她还能经常去拜访泰弗农夫妇。不过，周六上完夜校的课以后，却没有回罗阿讷的火车了。这种时候，西蒙娜·韦伊表现出越来越强烈的自我克制需要，她不去泰弗农家住，以等待凌晨的第一列火车，而是就在附近小酒馆的一个皮沙发上过夜。

在这样偏远的地方，西蒙娜·韦伊并没有停止为德国难民奔走。圣诞假期时，她说服家人掩护到目前为止接待的最有名的客人，列夫·托洛茨基。托洛茨基在前一年的7月就已离开德国，是在希特勒上台几个月以后，当时激进的社会党总理达拉第（Édouard Daladier）主持的政府允许他住到法国郊区，但不允许他在家里召开政治会议。托洛茨基当时正在寻找一处巴黎公寓以召开一次重要的大会。他在圣诞节的夜晚与妻子和两个保镖一起来到韦伊家。他把胡须刮得很干净，在浓密的头发上打了发膏，整齐地梳到脑后，风度翩翩，举止得体。他们一行人占据了韦伊家公寓的顶层，两个保镖轮流睡觉。几天后，托洛茨基在那里举行了重要的秘密政治会议。在左翼的圈子里，托洛茨基被称作“爸爸”。放假回家，西蒙娜·韦伊也请求见见这位“爸爸”。他们的讨论很快变成了激烈的争吵。西蒙娜·韦伊一直都控制着自己的嗓音，即使在最激烈的辩论时也不例外，但那天托洛茨基却不管不顾地扯着嗓子大声嚷起来。韦伊夫妇和托洛茨基夫人在隔壁房间专注地听着。这位革命家的妻子在二十分钟后发出感叹：“这孩子能跟托洛茨基叫板了！”西蒙娜·韦伊对这次与“爸爸”的会谈做了几段笔记，总结如下——

1921年，一群反叛的喀琅施塔得（Kronstadt）海员被托洛茨基下令无情射杀。西蒙娜·韦伊特别对托洛茨基此举进行了谴责。“你是救世军吗？”托洛茨基大声嚷道，“韦伊，你是个彻头彻尾的反动分子。”几分钟之后他又嚷道：“俄国无产阶级还在为生产设备服务——在俄国赶上资本主义国家之前这是不可避免的。”他接着说：“除了政治政策框架内的错误之外，我对斯大林没什么可指责的。”分手时，托洛茨基对西蒙娜·韦伊的告别词是：“你怎么对什么都怀疑？”不过，这位“爸爸”对韦伊家的热情接待还是很感激。他召开的这次会议似乎相当成功，因为在和韦伊夫人告别时托洛茨基说了这样的话：“您将来会说起，第四国际就是在您的家里成立的。”[7]实际上，他到第二年夏才宣布第四国际的诞生。

1933年秋，在罗阿讷任教期间，西蒙娜·韦伊再次成为政治风暴中心。法兰西共和国总统阿尔贝·勒布伦（Albert Lebrun）10月来到圣艾蒂安附近，要在这里建立一座新的战争纪念馆。当地组织了示威游行，抗议总统在法国残酷镇压印度支那最近的起义中扮演的角色。当工人们聚集在主广场唱起《国际歌》时，西蒙娜·韦伊被吊挂在窗台上，这样她可以对着人群讲话。她称勒布伦是“军火商的傀儡，使法兰西青年之花凋零、使印度支那工人灭亡的人”[8]。到12月，她再次加入示威者行列，甚至还举着旗帜，与三千名矿工一起游行，抗议失业；失业问题在法国一直很严峻。随后，大家举办了一次宴会，其间，一位矿工邀请西蒙娜·韦伊跳舞。他很优雅地在与她一膊之隔的距离内揽着她，对跟老师跳舞感到自豪。他很惊讶地发现，西蒙娜·韦伊跟不上他的节奏，甚至不知道最简单舞蹈的基本舞步。

其他情况下，西蒙娜·韦伊不论在身体上还是情感上都与男人保持着距离，在这方面她有时显得非常粗暴。有两件事能特别说明这一点。一次在圣艾蒂安的一名工会会员家里开会，结束时已是凌晨，大家就在沙发和地板上睡了。西蒙娜·韦伊因为早晨有课五点就醒了，起来准备坐首班列车去罗阿讷。一个名叫让·迪佩雷（Jean Duperray）的会员因为对火车时刻非常清楚，就起来告诉她，根据新的列车时刻表，一小时以后才会有合适的火车。因为怕高声说话会吵醒其他朋友，他就站在门边，伸出胳膊要拦住她。但西蒙娜·韦伊一甩手打到他下巴上，像练过柔术一样，然后愤然离去。多年后回忆起这件事，迪佩雷把这一敌视举动归因于西蒙娜·韦伊的头痛病：西蒙娜·韦伊曾告诉过他，每当自己头痛剧烈发作时就特别想狠狠地打某个人的额头（她自己后来也在一封写给友人的信中承认了这一点）。但她同样可能真的研究过柔术，因为佩特勒芒记得她在文科预备班时就已经熟悉某些非常有效的柔术动作了。我们可以推测，西蒙娜·韦伊因为对强奸有着强迫性的恐惧早已掌握了这一技能。在她看来，强奸是唯一应该被判处死刑的罪行。

因此，被好友称为“天使军士长”的西蒙娜·韦伊非常谨慎，不会给人任何追求她的机会。但假使她像个假小子还是有人对她感兴趣的话，她会尽快使对方知难而退。她对性的恐惧还表现在另一次政治聚会上。当时一个朋友唱起一首自己在非洲学会的军歌，副歌部分是这样的：“我会永远记得 / 特丽莎，我的法国小女孩。”唱了几遍后，他替换了名字，他朝着西蒙娜·韦伊的方向点着头唱：“我会永远记得 / 西蒙娜，我的法国小女孩。”在这一引喻的背后，她是否察觉到了某种她必须制止的柔情暗示？西蒙娜·韦伊猛地站起来，冷冷地把在场的所有男人都盯视了一遍，这个晚上就这样结束了。

然而，她对别人这方面的事却一点儿也不拘谨。她与苏瓦林及其情妇科莱特·佩尼奥（Colette Peignot）的关系证明，她乐于以建议者和知己的身份，参与好友的爱情生活，并投入地帮他们解决最无望解决的问题，那股劲头就同她投入工会最重要的工作中一样。佩尼奥与苏瓦林共同创办了反共左翼杂志《社会批判》（*La Critique Sociale*）。她魅惑妖娆，朝三暮四，是臭名昭著的风流左翼知识分子，自我吹嘘是“腐朽文化之精致产品”。她承认自己“创造了性生活的地狱”[9]，对被情人们用鞭子狠劲地抽打特别上瘾。她在结束与超现实主义/共产主义作家巴塔耶（Georges Bataille）的折磨人的关系后于1938年三十六岁时去世。通过这位反复无常的女士的书信可以看出，她在与苏瓦林的关系“狂飙突进”时期，曾因精神崩溃和戒瘾治疗而反复住院，西蒙娜·韦伊经常去照顾她，监护她，为佩尼奥预约医生（有时会预约韦伊医生），甚至曾跑到瑞士苏黎世到各种各样的疗养院去探望她，终日陪在她身旁。有几次佩尼奥威胁说要自杀，西蒙娜·韦伊就在半夜里把她带到自己父母的公寓去。

佩尼奥后来与巴塔耶之间的堕落关系使西蒙娜·韦伊更强烈地感到法国20世纪30年代的道德停滞。同时，因为她事实上非常迷恋苏瓦林，朋友之间悲剧的爱情三角关系很可能加剧了她的痛苦。苏瓦林很明显是她最有可能爱上的人。(“只有苏瓦林理解我，”[10]她在日记里写道，接下来是很神秘的文字，“苏瓦林和我，一年半的时间——可怕的分离，虽生犹死……”[11]）西蒙娜·韦伊对任何形式的身体接触都很反感，这也许使她并没有对苏瓦林肉体的渴望，但恰恰是这种矛盾情感注定使她对人类性行为有着悲剧性的看法。佩尼奥与苏瓦林的这段情史，实际上完全能把她变成一个清教徒，但却没有。她喜欢孩子，不论大小，因此她热情地支持独自抚养子女的未婚妈妈，有时还羡慕她们。另外，她对妓女也很有兴趣，像导师阿兰一样，她对妓女怀着深深的同情。因为一定要了解这些人的生活状况，她甚至请几位男性朋友带她到妓院去。几年后，她的这一要求得到满足，一位同志为她安排了妓院探访。但这次探险并不成功。西蒙娜·韦伊的伪装——她当时穿了男人的外衣——被识破，两个人侥幸逃脱。

1934年5月1日，传统的劳动者节日，西蒙娜·韦伊没去上课，她加入了数以千计的罗阿讷公民一年一度的大游行。学生们看到她走在队伍的最前列，挥舞着拳头，唱着《国际歌》。但当时那些手势可能只是敷衍的仪式了，因为那一年她自己的思想正走向另一个全然不同的方向。西蒙娜·韦伊对苏维埃政权的憎恨简直到了走火入魔的境地，她批评斯大林时期的俄国，程度之激烈几乎无人能及。她经常把斯大林的统治与1789年法国大革命后的恐怖统治进行比较，并把二者都归因于战争的必然产物——国家创伤。她在一封信中对在勒皮教过的一名学生说："俄国革命的进展与法国革命非常像。"

> 对国内外敌人发动武装斗争的需要……导致最优秀的领导者死去，国家被迫变成官僚主义的军警专政，除了名字，一切都与社会主义或共产主义无关……俄国政权的腐败已经感染了其他国家的共产党，这些共产党完全受莫斯科控制。德国共产党就对希特勒的胜利负有重大责任。而法国共产党则继续犯着同样的罪过。[12]

在西蒙娜·韦伊看来，《人道报》"撒的谎赶上右翼报纸了"。她越来越觉得这份报纸只带来了新的压迫形式。她已经对革命这一概念本身表示反对，甚至连势力锐减的革命工团主义运动倡导的非暴力工人抗争也反对。

1933年秋，西蒙娜·韦伊和巴塔耶的一场辩论已经显示出她与主流左派的分歧。巴塔耶在最近几个月已经把佩尼奥从苏瓦林手里抢了过来。巴塔耶在一篇评论马尔罗（Malraux）小说《人类的命运》（*Man's Fate*）的文章中，谴责了该书对革命的否定，同时详细阐述了自己的革命虚无主义观点与“灾难和死亡”价值的有益关联。西蒙娜·韦伊在一篇未发表的反驳文章中对巴塔耶和马尔罗都进行了批评，对他们忠于共产党表示遗憾（这篇文章为苏瓦林和佩尼奥创办的《社会批判》撰写，该杂志在二人分手后停刊）。“创造了书中所有人物的……一致性的是人类不经历难以忍受的痛苦就不可能完全意识到自我这一观念。”关于《人类的命运》，她这样写道，然后她又联系到帕斯卡。

> ［他］投入到行动中以避免这种意识……革命对于马尔罗的英雄们恰如宗教之于帕斯卡，是一种逃离个人存在虚无感的手段。我们必须严肃地扪心自问，源于这种动机的革命是否还有什么价值。如果只是简单地逃离自我，那么赌博、酗酒或死亡都简单得多。[13]

这与西蒙娜·韦伊学生时代的激烈言辞大相径庭。但是，不管二人的信念多么不同，西蒙娜·韦伊都表露出对巴塔耶的着迷，他们肯定偶尔会见上一面，因为巴塔耶对西蒙娜·韦伊有过这样的描述：

> 在人类当中，还没有谁引起我更大的兴趣；她无可否认的丑陋令人厌恶，但我个人觉得她还有一种真实的美……她被一个非常文雅、非常简单的权威人物所诱惑；这当然是一个令人钦佩的人，没有性别，周身洋溢着宿命感。总是穿着黑衣服，从不改变，头发也是乌黑的，皮肤苍白，毫无光泽。她确实非常和善，无疑是个堂吉诃德式的人物，她的洞察力、大胆的悲观主义以及吸引她走向不可能之事物的大无畏精神都使她愉快，同时也使她恐惧。[14]

1934年春，西蒙娜·韦伊决定离开学校一年，到工厂去找工作。她在此时更换职业令人费解，因为在罗阿讷的教学经历是她从未有过的最美好的职业体验。她自己说是因为思想上的原因。她越来越关注蓝领阶层所受的压迫以及由此产生的矛盾，这种矛盾在她看来对当代社会至关重要：如果不欺压工人，20世纪的工业生产如何才能协调进行？她对这个问题的理论探索似乎陷入了僵局，于是希望亲力亲为的一线体验能够帮自己找到出路。她加入劳动队伍的决定也许还可以看成是一种象征，象征着她越来越需要自我克制——她知道，自己笨手笨脚，做起工厂的工作来会极为艰难。暑假，她和父母、哥哥一起在勒皮附近度过。佩特勒芒也来韦伊家住了几周，西蒙娜·韦伊告诉她，如果不能适应工厂生活，就决心把自己累死。

西蒙娜·韦伊对工人阶级问题的深入体察并非预示着回归激进主义。实际上，就在1934年夏，佩特勒芒还经常开玩笑说她越来越保守。这种信念变化将在她的长篇随笔杰作《压迫与自由》中得到体现。这篇文章在那年用了六个月时间完成，她自嘲地称之为“巨著”或“遗书”。这是她到那时为止最重要的作品，里面总结了她自巴黎高师毕业以来在过去三年里对人与社会的关系的思考历程。其开篇就是对马克思主义的惊人批判。马克思曾预言，生产力在推翻资产阶级的同时会带来无产阶级的胜利。西蒙娜·韦伊在此集中阐述马克思高估了解放生产力的潜力。在西蒙娜·韦伊看来，马克思的预言有很多关键问题没有解决：既然“生产力”已经高速发展了一个多世纪，她问道，为什么无产阶级还没有成功地解放自己？一种形式的压迫何以又变成了另一种形式的压迫？马克思主义的资产阶级剥削概念何以又被其他形式的压迫取代——被机器奴役，被日益强大的、影响20世纪技术发展的管理阶级奴役？总而言之，按照西蒙娜·韦伊的说法，20世纪30年代的历史真相完全动摇了马克思关于无产阶级是革命性变革的行动主体的论断：俄国工人阶级已经被自己的领导者蒙骗，而全世界最有组织的无产阶级——德国无产阶级——早已屈从于法西斯主义。

在《压迫与自由》中，西蒙娜·韦伊还首次阐述了权力的概念，这一概念将成为她作品的首要主题。与霍布斯一致，她认为，所有掌权者都为保持掌控力而永远斗争，既与手下人斗，也与其他掌权者斗。由于权力的核心有这种矛盾，不可能实现任何稳定的统治。在她看来，权力“延伸到了可控范围以外；对能用权之处，都会发号施令；权力总会被放大运用……权力由权力物质基础的必然受限性与权力角逐的必然不受限性之间的矛盾构成。”[15]她强调，历史的基本动力，正是这种权力角逐，而不是马克思所说的经济需要。权力角逐奴役弱者，也奴役强者。“人类历史不过是受奴役的历史，不论是压迫者还是受压迫者，所有人都被自己制造的统治工具玩弄。”[16]实际上，《压迫与自由》表现出对现代时期的极度悲观。按照西蒙娜·韦伊的观点，最初自然对人的统治已经被社会结构的压制所取代。她反复对我们强调，物质进步的代价是我们被新的管理阶级控制。这个新管理阶级由协调我们日益复杂的工商企业的个体构成。［这一洞见将在战后时代由詹姆斯·伯恩哈姆（James Burnham）和赖特·米尔斯（C. Wright Mills）这样的社会学家详细阐述］。

但是，韦伊文章中的第二个概念“自由”又如何解释呢？她在文章最后用朴素、简洁的语言论述了这个主题：“真正的自由并不取决于欲望与欲望满足之间的关系，而是取决于思想与行动的关系：绝对自由的人，其每一个行动都源于一种初步判断——对设定目标以及达成目标的一系列恰当方式进行的判断。”[17]对美好社会的任何类似定义肯定一直都关涉到西蒙娜·韦伊的持续关注对象——劳动的本质。就像卓别林的《摩登时代》（这部影片西蒙娜·韦伊看过多次）中表现的，剥削社会的中心隐喻是流水线，受雇工人自动劳作，在专横的工头监视下，缺乏动机和自由思想。而另一方面，自由社会的特点是，每一个问题都由集体共同应对，然后，通过达成一致意见，采纳集体判断是最好的方法。这样的共同体，西蒙娜·韦伊经常提醒我们，是一个乌托邦，但它能为我们衡量实际生活状况提供标准（基于乌托邦永远不会成为现实这一点，西蒙娜·韦伊认为，乌托邦要比具体而实际的未来蓝图更不易腐败）。1934年，在两个极权体制破晓之际，西蒙娜·韦伊写了一篇文章，结尾处，她恳请我们永远反抗"个体对集体的从属地位"。她颇为出彩的最后一句话写道，我们所有人都必须逃离"愚蠢的蔓延和集体狂热，站在自身角度重新定位，超越社会偶像控制，超越个体思维和宇宙之间最初协定的控制"[18]。

《压迫与自由》在1934年11月完成，韦伊夫人帮女儿打印出最后的定稿。这篇文章本来也打算发表在苏瓦林和佩尼奥的杂志上，但该杂志刚刚停刊。尽管老师阿兰称这篇文章为"最恢宏"的篇章，但西蒙娜·韦伊因为某种原因并没有投稿给任何其他杂志。也许她把这篇文章看作自我启蒙的工具：她后来说，写这篇文章的动机是，人类只有“非常清楚压迫的原因，就像我们清楚是万有引力使石头下落一样”，才能找到自我解放的途径。不过，她好像也意识到了这篇文章的价值，因为在1940年秋，她让一位朋友到她公寓来把文章取走，并且说文章“值得保存”，“与我们的时代密切相关”。这篇文章于20世纪40年代末由阿尔贝·加缪（Albert Camus）首次发表，加缪当时是伽利玛出版社的一名编辑。他在对文章的介绍中这样写道：“自马克思以来，西方社会政治思想界还从未产生过比这更有价值的作品。”[20]

就在创作《压迫与自由》期间，西蒙娜·韦伊致信教育部，请求离开教育岗位。她这样提出请求：“我希望为一篇哲学论文做些研究工作，该论文关系到现代技术与……我们的文明最基本的方面——社会组织与文化之间的关系。”[21]

在写给从前勒皮的一名学生的长信中，西蒙娜·韦伊声称自己到工厂工作的决定也与她对政治局势的极度悲观有关。她预见到一场对德战争已迫在眉睫：

> 如果战争爆发，社会主义者和共产主义者

都会让我们去为“工人的祖国”而牺牲。……一旦这种事情发生，我会坚定决心，不再参加任何政治活动或社会活动……我这样预见未来：我们马上就会进入一个有史以来权力最集中、压迫最暴虐的独裁统治时期……我已经请假一年，为的是做一点我自己的事，同时也与著名的“真实生活”接触一下。[22]

工厂经历

西蒙娜·韦伊决定进工厂亲身体验工人阶级的困境，这对于20世纪30年代成年的一代人并不稀奇。就在几年前，乔治·奥威尔（George Orwell）离开了他在伦敦舒适的家，到巴黎和伦敦体验穷困潦倒的生活。在美国，天主教活动家多丽丝·黛（Dorothy Day）经历了富足不羁的青年时代以后，在纽约下东区的贫民窟永久定居，开始她对穷人的使命。到20世纪60年代，更多的美国活动家走上了同样的道路。实际上，美国人撰写的有关西蒙娜·韦伊的最好的一篇论文是斯托顿·林德（Staughton Lynd）的那篇，林德是学生争取民主社会运动的领袖，他在文章中详细阐述了西蒙娜·韦伊对这场运动的重大影响。“西蒙娜·韦伊可以被视为……我称之为第一批新左翼的国际探索者中的一员，”他这样写道，“第一批新左翼，也是第三批。”“第一批新左翼由1930—1945年间的激进主义者组成，这些人脱离了斯大林主义，也脱离了……托洛茨基主义，而且，他们不仅脱离了托洛茨基主义，还部分脱离了马克思主义本身……西蒙娜·韦伊预见了20世纪五六十年代第二批新左翼的每一项重大主题。”[1]

西蒙娜·韦伊在好友活动家苏瓦林的帮助下找到了第一份蓝领工作。工作单位是一家名叫阿尔斯通

（Alsthom）的公司，这家公司很大、很有名，由阿尔萨蒂安（Alsatienne）和汤普森（Thompson）两家公司合并而成，生产大型电力机械。那个年代，很少有管理层的人能被说服雇用一个古怪、激进的左翼知识分子兼劳工组织者到流水线工作。但阿尔斯通特别进步而开明的领导者奥古斯特·德特夫（Auguste Detoeuf）似乎对雇用西蒙娜·韦伊这样一位特立独行者的挑战很感兴趣。他毕业于巴黎综合理工学院，坚信“脑力劳动和体力劳动可以融合，工业和古典文化可以融合”。他答应让西蒙娜·韦伊到巴黎一个比较大的工厂上班。工厂位于勒古布街（Rue Lecourbe），在第十五区。那里雇用了大约三百人，制造有轨电车和地铁的电气配件。为了找到一种更适合工厂工作的生活节奏，西蒙娜·韦伊搬出了父母的公寓，在工厂所在的那条街上租了一间很小的工人房，希望完全靠自己挣钱生活，不要父母任何帮助。实际上，随后的一年里，她星期日回家吃晚饭都会把估算的饭钱放到父母的餐桌上，而对于女儿这个习惯，善解人意的韦伊夫妇尽管感觉很痛苦，还是默默忍受了。

西蒙娜·韦伊从1934年12月的第一个星期二开始

到阿尔斯通上班。老板德特夫答应不把她的身份告知其他工人。很多人注意到她的手不是体力劳动者的手，以为她是一个考试不及格的穷学生，到阿尔斯通打工养活自己。他们还注意到她瘦骨嶙峋，而且是车间里唯一一个不带零食的人。他们经常主动把自己的面包或巧克力让给她吃，她通常都拒绝了。

她每天写给苏瓦林的信本来是她工厂生活最真实的记录，却在纳粹占领巴黎期间被毁掉了。幸好她自己对后来八个月的生活留下了日记。她的“工厂日记”几乎每天都写，详细记载了她在三个不同工厂工作的悲惨经历：为了那点儿可怜的工资而被安排的任务、她对工人同事的印象以及自己的心路历程。日记按时间顺序记录了计件工作的卑鄙本质：工厂计件付钱，不按工作时间付钱；完不成定额要从工资里扣钱；工作本身常常危险重重；时间安排不合理，除了十五分钟午餐时间，中间没有休息；只关心定额的工头经常羞辱工人。西蒙娜·韦伊在日记里谈到，她干体力活儿没有自己想象的那么笨。经常被她称为“雅克定额”（Jacquot）的一个仁慈的工头告诉她，她不像车间里某些工人那么笨，他们把自己弄伤残的时候比她多（应该承认，这是带有讽刺意味的恭维话）。但鉴于快速生产的持续压力，又没有任何安全措施，西蒙娜·韦伊要避免身体遭殃就得费很大的劲。最初几个月，她写信给朋友阿尔贝蒂娜·泰弗农（Albertine Thévenon）说：

> 想象一下，我站在喷着熊熊火焰和热浪直扑到脸上的巨大火炉前。火从炉子底部的五六个大洞里冒出来。我站在火的正前方，把几十个巨大的铜套环放进去……专门用于有轨电车和地铁发动机。我必须小心翼翼，确保套环一个也不要掉到喷火口里，掉进去就会融化。也因为这个缘故，我无论如何不能让脸和胳膊上被热浪灼伤的疼痛（伤疤到现在还在）造成动作失误。我把炉盖放低，等几分钟，再把炉盖掀开，用钩子把烧红的套环取出来，速度得非常快，不能让它们都烧化了……然后整个过程再从头开始。[2]

有一次，西蒙娜·韦伊疲惫至极，再加上头痛发作和灼伤的疼痛，她甚至连炉盖都放不下来了。若不是有一个工友冲过来帮助她，这一天的工作就白干了。(“在这样的时刻，我真是感激涕零啊！”她回想起这次工友的雪中送炭时说。) 工作场所的冰火两重天进一步加大了工作压力。“你从火炉……前面的一个机器旁走到另一个冷风狂吹的机器旁，”她在1935年1月特别寒冷的一周里记录下一名工友刚刚被机器扯掉一大片头发，之后又简要写下了这样的话，“更衣室里根本没有暖气，洗手换衣服的五分钟时间就把人冻僵了。其中有一名女工有慢性支气管炎，当时严重得每两天就必须要敷一次药。”[3] 派给西蒙娜·韦伊的另一项危险任务里有一根用来打磨大型工具的巨大横梁。工头反复命令她“以一种累人而且危险的方式”用这个横梁，“……每次都得蹲下，以避免横梁直接打到头上”[4]。

她的恐惧还加剧了这种工作的危险程度，她害怕完不成定额，一天的工资就泡汤了。定额既要看完成的数量，还要看质量。数量与质量经常由那些反复无常、脾气暴躁的工头说了算。“到下午2∶25是七百九十六件，”有一天她这样记录，“用四小时十五分钟完成，支出一法郎十二生丁；挣了八法郎九十生丁(每小时两法郎稍微多一点儿)。”[5] 另外一条记录：“一整天都在焊接套管——

到4:30达到了七百件，八个小时四十五分钟的成果……晚上：太累吃不下饭，一直晕晕乎乎地躺在床上。”[6]因为经常完不成定额，自己又下定决心只依靠工厂工资生活，还因为烟瘾和阅读癖，她需要很大一笔支出买烟和昂贵的书籍，最后剩下买食物的钱肯定就很少了。她的饮食比以往任何时候都更凑合了。有一次，一周的工资让她吃上了一顿像样的晚饭，她问自己："到普利主尼克商场（里面有餐馆的连锁大百货商场之一）吃的这顿饭是不是我今晚健康快乐的原因呢？”[7]西蒙娜·韦伊在工厂里的艰苦工作，以及她糟透了的饮食，只能使她的慢性偏头痛更为严重。几乎每天的日记里都有她头痛发作的剧烈痛苦。

劳作对西蒙娜·韦伊造成的身体折磨很严重，然而，心理打击更为严重。最让她心惊胆战的是，不断被人吆来喝去对人格造成的羞辱，以及自动化不可避免地造成的情感和精神上的错乱。

> 这种奴役有两方面。一是速度：为了“实现目标”，你必须以比思维还快的速度重复同样的动作，没时间思考和想象。一旦站在机器前面，

在自己的岗位上，你就必须得一天八小时麻木不仁，没有灵魂、没有思想、没有感觉、什么都没有……你必须压制、清除所有的恼怒、悲哀或厌恶：它们会降低速度。你甚至连欢乐也必须消除。

很多工头反复无常，这特别令人痛苦；阿尔斯通工厂的那位工头“用一种侮辱性的训话口气”对工人讲话，经常让西蒙娜·韦伊想回敬他几句。

从工厂开门打卡上班的那一刻到打卡下班离开……你必须闭嘴、服从。有时命令会让人不快，或者很危险，甚至不可能完成，但不管怎样……执行；闭嘴、顺从……如果你去叫工头——哪怕是紧急的事……都要冒被责骂的风险；一旦被骂，你还是得闭嘴……这种情况下，人的思想退缩了，如同刀俎面前的鱼肉。人所有的知觉被剥夺净尽。[8]

日记中的下一段以极其痛苦的笔调总结了流水线对

人身心的摧残：

> 强迫自己。再强迫自己。每时每刻都要克服那种强烈的反感，那种深恶痛绝。快点儿。你得加倍提速。我一小时做了多少个了？六百。再快点儿。最后一小时做了多少？六百五十。铃响了。打卡下班，换衣服，离开工厂。身体空了，没了生命力；脑子空了，没了思想。心头突然涌起一股麻木的怒火，除此之外，只感觉无能为力、任人摆布。对明天的唯一希望就是他们能允许我再度过这样的一天。[9]

为了设法达到“无情的老板们定下的速度标准”，保持处于“一种永远低声下气的状态”[10]，西蒙娜·韦伊觉得自己正在忍受着使她“不堪重负而变得温顺”[11]的奴役形式。难怪卓别林电影《摩登时代》里，她最喜欢一个工人被锁链拴到一台实验吃饭机上的场景。吃饭机设计的目的是在最短的时间内，强行“喂”大量工人吃饭，机器把那个工人变成了一个无助的自动人。她给朋友写信谈到这部影片时说：“终于找到一位跟我经历相同的人。”[12]

1月中旬，西蒙娜·韦伊在阿尔斯通工作七周后病倒了。她被诊断患了急性耳炎，必须休养一个半月。她在父母家里先住了几周，然后在回工厂前，跟父母到瑞士一个疗养地又住了两周。鉴于她对在阿尔斯通工作的每个方面都很敌视，人们不禁惊讶，她竟然只病了这么一次，也没有被早早解雇。工厂给她开的工作证明上写着她一直工作到4月5日。她没有描述自己是如何离开那里的。她有可能是被解雇的，也可能是她自己想通过到其他地方工作扩大体验范围，还有可能是她工作中出了事故，因为在阿尔斯通的最后一天，她在日记里记录了手被割了很大的口子。她已经感觉到阿尔斯通的工作使自己变化很大，备受摧残。“这段经历完全改变了我对事物的看法，甚至连我自己对生活的感觉都改变了，”她在写给阿尔贝蒂娜·泰弗农的信里说，“未来我还会再次体会到快乐，但我可能再也找不回那份心灵上的轻松愉悦了。”[13]

接下来的一周，西蒙娜·韦伊到伊西莱穆（Issy-les-Moulineux）、马拉科夫（Malakoff）、圣克卢（Saint-Cloud）

各种类型的工厂找工作。在漫长的等待期间，她和站在同一队伍里的失业工人一起回忆、反思。她善于隐藏自己的身份，工人之间的行话俚语随口就来，很容易就赢得了他们的信任，她享受着与这些陌生人之间在以往任何场合都从未有过的、更完全的同志情谊。“我平生第一次与工人相处没有一点儿隔阂，不管是阶级差别还是性别差异都不影响……太棒了！”[14]这种无“隔阂”的一个特例是她好像差点儿被人求爱，当然她没有给对方机会。在找工作的队伍里，她与一名工人建立了一种“特别的关系”，这个工人告诉她，他过去曾是工头，但因为太“革命”，不忍心“压迫自己的工友”，就不干了。“他误解了我的意思，”几天后她随手记下，“他后来的态度……说他回来看我……第二天，有人敲门。我在床上，没去开门。是他吗？我再也不会听到他的消息了。”[15]

1935年，法国的失业率依然徘徊在20%，而她用几周时间就找到了第二份工厂工作，真是不简单。这是在布洛涅—比扬古（Boulogne-Billancourt）区的一个比较小的工厂，名叫卡尔诺（Carnaud），专门生产油壶和防毒面具。即使机器设备没那么大，工头也没那么凶，卡尔诺却跟阿尔斯通一样，使人心力交瘁。“一个刑罚机构，”

她这样描述那里，“一个烂机构，烂透了——疯狂加速，割破手指是家常便饭，不断有大批工人下岗……我一次也没见到哪位工人的眼睛离开过工作或与工友说句话。”[16]她对车间里毫无人性的环境这样评价。第一天上班，她被安排到一台做金属零件的冲压机旁，全力以赴才在一小时内做出了四百个零件。但是，那天下午，工头——“一个外表帅气、样子和善的家伙”——过来告诉她，如果她不能在接下来的两小时内使数量翻番达到八百个，他就解雇她。“你要是能在接下来的两小时里做出八百个，我也许会同意你留下来。有工人做到一千二呢。”[17]西蒙娜·韦伊怒火中烧，她强迫自己做了六百个，但到快下班时工头告诉她还不够。六点钟，就在打卡下班前，她问工厂经理是否希望她第二天回来。经理告诉她，只要她努力加快速度，就可以回来。

第一天在卡尔诺的工作结束，她走向塞纳河，渴望呼吸新鲜的空气。她坐在岸边，内心沮丧，精疲力竭，内心“充满无奈的愤怒”；假如注定要过这种生活，她不知道自己能否“每天过河而不跳河”[18]。工厂里一位工友跟她说起自己十三岁的儿子，那些话使她深受触动：“他要是不上学，将来干什么？跟我们这些人一样受苦受难。”

第二天早晨，振作精神在同一台冲压机那里做了六百五十个零件后，西蒙娜·韦伊被安排了另一项任务：高速穿金属薄带，但要小心避免两条带子挨着穿过去。然而她出了错，把两条带子连着穿了。机器被卡住了。工头得修机器，他好像很不高兴。在这种颜面尽失的场合，她回忆道："一个微笑、一句友好的话、人与人之间的瞬时接触，无不胜过特权圈子里的深情厚谊。"

确实如此，西蒙娜·韦伊在工厂工作的几个月里，她仅有的安慰就是工友们偶尔表达的善意与同情。她特别愿意接受这种表示。"每次我疼得龇牙咧嘴，坐在前面的电焊工都会对我凄然一笑，充满兄弟之爱，这对我胜过千言万语。"[19]"在工厂里……最微不足道的善意，从微微一笑到帮个小忙，都能使你克服疲惫，克服工资的困扰，克服所有的压迫。"[20]"碰上一个坦然微笑的火炉工，在更衣室听到大家讲比以往更有趣的笑话，我就知足……这些兄弟情谊的微小证明带给我极大的快乐，我一时竟忘了疲劳。"[21]"我永远也不会忘记那个人"是她对一个异常友善的工头的评语，那个工头曾关心地看着她赤手把巨大的铁螺栓搬到一个包装箱里。自始至终，她还不断意识到人们对女工表现出来的性别偏见。"男人对女人的不屑，”她在工厂日记里写道，“以及大家讲的黄色笑话在工厂工人中都比在其他人群里要显而易见得多。”[22]“我处在一个双重卑微的地位，”她后来回忆，“消泯我尊严的不仅是那些工头，还有那些工人，只因为我是女人。”[23]

西蒙娜·韦伊在卡尔诺只工作了一个月就下岗了。到目前为止，在两家工厂，她都发现流水线作业对人情感的摧残甚至超过了对其身体的压力。她还发现，这种劳动最令人沮丧的方面是“对工作目的一无所知”。工人们没办法把那些零部件生产与要装配这些零部件的大型机器联系到一起。而那些经常随心所欲的经理的反复无常又导致了一连串的屈辱经历。这种屈辱对西蒙娜·韦伊产生了深刻影响。她后来写下了那年的人生体验：

> 我几乎要崩溃了……我的勇气，我的自尊，在这段时间里都慢慢碎裂了……清晨，我在痛苦中起床，带着恐惧去工厂；我像奴隶一样工作；中午的短暂休息使我犹如撕裂般痛苦；5:45回家，就想好好睡一觉……那种对于接下来要做的事的恐惧，那种焦虑，只有在星期六下午

和星期日上午才没有。怕的是那种发号施令。此前在社会中形成的个人尊严感荡然无存。[24]

恐惧确实是西蒙娜·韦伊压倒一切的情绪，而她擅长把自己放到工友的位置上，想象着如果自己注定要和他们一样一辈子在工厂上班将是怎样的煎熬：

恐惧。一天里几乎无时无刻不被痛苦压迫……如果不能赶在时间前面，你会害怕钟表。那些很难提高工作速度的人会害怕自己不够快。而强行加速又担心会毁了零件，因为速度会产生使注意力涣散的兴奋状态。害怕发生各种会损毁零件或工具的意外。永远担心会挨骂。你宁愿多受苦也要避免挨骂。最轻微的指责也是巨大的羞辱，因为你不能反驳。而能带来责骂的事得有多少啊！！安装员没把机器调试好、工具材质差、有些零件放不对位置，指责就来了……你必须咬紧牙关坚持住，就像游泳的人踩水。但要一直坚持游下去，直到你死的那天。不会有船救你上岸……

每个举动都是对一道命令的执行……一旦站在机器旁，就预示着有五六个动作必须以最快的速度重复。重复到何时？到你被吩咐去做其他事为止。这一系列的重复要持续多久？持续到主管安排另一个系列的工作。你要在这台机器旁干多久？干到主管吩咐你到另一台机器那去。你就是另一个人支配的物件。因为让人变成一个物件不符合自然规律，还因为没有鞭子或锁链之类的对身体的约束，你就必须迫使自己屈从于这种被动状态。要是能把自己的灵魂留在放考勤卡的小盒里等下班时再带走该多好！可是不能……你必须继续让灵魂沉默下去。其他的呢？……永远不要冒犯别人。面对蛮横不能有丝毫不悦，如果对方是工头，甚至还要表现出顺从……还有呢？不过这也够了。这些足以说明，屈从于这样一种生活，是“不得已受制于强大压力”的结果。[25]

最后这句中引用的是埃斯库罗斯的话。在后来追忆工厂经历的作品中，西蒙娜·韦伊经常强调，流水线工作最有害的方面是身心痛苦逐渐被一种“麻木不仁和头脑愚钝”取代。这似乎已经被她的工友不断强调过了。对西蒙娜·韦伊而言，麻木不仁取代痛苦是“最糟糕的退化形式……跟我一起坐电车回家的一名在流水线上工作的妇女告诉我，几年以后……人就不再痛苦了，哪怕你感觉自己都慢慢变傻了”。

这一次她显然是被解雇的，但没有说明原因。她去询问原因，卡尔诺的工头粗暴地回答：“我没必要向你解释什么。”因头疼而在“不祥的虚脱状态”中度过了几天之后，一个雨天的早晨，她又站在了雷诺（Renault）汽车制造厂门口等待雇用的队伍里。接下来的一周，她又去了几十家工厂，像她这样没什么技术的工人找到工作的希望渺茫。想到自己的本来身份，她自己说是“到工人阶级中体验贫民生活的教师”，于是她又开始花上数小时和队伍里失业的男男女女谈话，并在日记里把这些对话记录下来。有一名妇女的话特别使她受震动：“为了一天挣七十法郎，我们什么都得忍受，我们早该死掉了。”显然，这时候的西蒙娜·韦伊在经济上已经到了山穷水尽的地步，但她依然像几年来一直坚持的那样，坚决拒绝接受父母哪怕一分钱的资助，而且吃得比以往任何时候都少。“回到圣丹尼斯（St.-Denis），”下岗一周后，她在日记里写道，“不能吃饭，走这么远就很难受……上周我决定一天的花费最多不超过三法郎五十生丁，包括交通费在内（相当于现在十美元左右）。饥饿成了常态。”从她工厂日记里反复出现的对食物的忧思中可以窥见，她有意挨饿与自我控制的冲动之间似乎有着密切关联。“挨饿与靠这种工作吃饭比较起来，哪一个更痛苦呢？”[26]她反复提出这个尖锐的问题。

她身体不好，又赶上大萧条最困难的时期，而此时她是劳动大军中最受压迫的队伍——非熟练女工中的临时一员。在绝望中，西蒙娜·韦伊迈出了非同寻常的一步。在雷诺厂门口排队期间，她听说负责招工的人偏爱女工，而且往往雇那些漂亮的。她下一次跟佩特勒芒见面时就请对方给自己化妆。平生第一次，她居然想要变漂亮！佩特勒芒给她涂上唇膏，又在脸上打了点儿胭脂。“她完全变了一个人，”佩特勒芒回忆，并且说“她要是稍微用心装扮一下”[27]，就显然是个美女。佩特勒芒陪着西蒙娜·韦伊去了那家雷诺工厂，回来说她马上就被雇用了。

在雷诺，西蒙娜·韦伊的班是从下午两点半到夜里十点，这一次她没有被安排到冲压机旁，而是到了更危险的铣床那里。尽管后来几周她把自己搞得伤痕累累，有一次被金属屑割破的地方还感染了，但在铣床这里好像比在冲压机那儿干得好，因为一个月试用期后，她被再次雇用了。这次她终于能夸耀一下自己的小有成就了，比如，她自己能更换铣床上的铣刀（能把铣刀完美地安装到机床中央，严丝合缝，这使她特别自豪）。此外，雷诺车间里的工头也是她遇到的最善良的一位。虽然她还是被“戕害现代机器奴隶的思想缺席”所困扰，但是，偶尔她也会喜欢这种艰苦体力劳动的“运动方面”。兴高采烈与习惯性的绝望爆发交替出现。有一天，她写道：“在地铁里睡着了。每一步都需要坚强的意志。”可是第二天早晨却是“快乐的一天……奴役感减轻了……疲惫，但总的说来很高兴”[28]。

然而，到了8月，车间里越来越闷热，令人难以忍受，西蒙娜·韦伊的日记显示出她越来越愤激的情绪。“一上午都很难受——我的腿太疼了——我受够了，够了。那些4厘米 ×8厘米的零件使我恼火，它们永远有破坏钻孔的危险，脑子里必须什么都不想……有三次虚惊一场，上午十一点……灾难，锯齿断了……中午一个螺栓把钻孔变松了。”[29]她的情绪变化得厉害。她强加给自己的“奴役”感以及从少年时代起就一直困扰她的、日益严重的无价值感使她越来越痛苦。一天早晨，上公交车时，她问自己：“我，一个奴隶，何以竟能够和其他人一样花十二个苏乘坐这辆公交车呢？这是多大的恩惠呀！要是有人粗暴地命令我下车，说我无权享受这种舒适的交通方式，而只能走路，我觉得好像也完全自然。”[30]

“头痛欲裂，郁闷沮丧，”那个夏天她还这样写过，“下午好些，在鲍（鲍里斯·苏瓦林）家里大哭。”[31]苏瓦林以及她在流水线工作的几个月里还在接触的几位好友，都讲起她对饮食限制得越来越厉害，而她自己也在工厂日记里证实了她的饥饿——像多数厌食症患者一样，她着魔似的想着食物。“早晨吃了一个面包，中午又吃了一个，晚上吃了三个小的。”[32]她在雷诺工作的第三个月里这样记录。“得知是今天发工资，不是明天，”她在另一篇日记里写道，“这让我满怀喜悦，因为这意味着我不会没饭吃了，中午我不用控制自己了(烟、烩水果)。”[33]

后来，到1935年8月底，她好像被雷诺解雇了。这次她的日记里还是没有记录当时离开的情况。有可能是她主动离开的。因为她在5月曾致信教育部，申请另一份教职。不工作之后，她立即把流水线上工作的这几个月的情况做了一张收支平衡表。“我从这次经历中学到了什么？”她问自己。

在接下来的几年里，西蒙娜·韦伊一直在回答这个问题。她要从两个层面回答：个人层面和历史层面。就她自己的生活而言，工厂经历的直接影响是把她从“知识分子的抽象世界”拉出来，扔到一个“真实的人群里——或善良或邪恶，但都是真真切切的善良或邪恶”。[34]这种沉浸式体验有其不足之处：所有那些日子里她被迫表现的那种服从——一种压制思考、只在金钱和恐惧的龌龊动机下才产生的顺从——生发出无法自拔的自我仇恨与绝望。她在给一位朋友写信时说：“身体上遭受虐待比如被鞭子抽都比……压制我身上最好的一面强。”

西蒙娜·韦伊个人总结的另一个显著特色是，她对痛苦的救赎价值越发感兴趣，有人可能会称之为受虐狂。在工厂的这段时间强化了她的信念，即痛苦是通往精神成长的唯一途径，在能忍受的情况下，经历尽可能多的身心磨难是我们的道德责任。从这个意义上讲，工厂工作给她带来了“身体痛苦……与精神快乐的奇妙混合”[35]。偶尔在她对工厂经历的总结中还可见到宗教般的恭顺，这也许是她作品中第一次出现明确的宗教色彩。那几个月，她经常感觉自己“什么权利都没有，还必须把每时每刻的痛苦与羞辱都当作上帝的恩典予以接受”[36]。因此，不管这些经历给她带来多少困难，她都把工厂这年看作她人生中的一个关键时期，这个时期永远改变了她。几年后，她会向多明我会神父约瑟夫－玛丽·贝汉（Joseph-Marie Perrin）描述这种变化：

> 经过工厂这一年……我的身体和灵魂都好像散了架。与磨难的接触使我不再年轻。直到那时……我才清楚地知道这个世界上有太多磨难，我满脑子想的都是这个，但我没有延长这种直接体验。在工厂工作时……他人的磨难在我的肉体和灵魂上打下了烙印……在那里经历的一切对我产生了长久的影响，直到今天，不论什么人，在什么环境下，对我讲话不粗暴无礼，我都不禁会觉得这里面肯定有问题……我在那里（工厂）被永远打上了奴隶印记……从那以后，我一直视自己为奴隶。[37]

“他人的磨难在我的肉体和灵魂上打下了烙印。”她在这关键一年里的变化还导致了语言的转变：她早期作品中比较政治化的词语“压迫”（oppression）被“磨难”（affliction）取代，“磨难”的概念综合了肉体之痛、精神压抑和社会堕落，对她后来的工作至关重要。

至于流水线工作期间西蒙娜·韦伊得到的历史和政治教训，同样创巨痛深。这一经历印证了她早期的直觉，即工厂工人遭受的磨难产生的是屈从，而不是反抗，这就使无产阶级革命的可能性“几乎为零”。不过，她没有放弃对社会根本性重构的希望，而是将先前的阶级斗争理论和直接行动理论变成了两害相权取其轻的，更为实用的中立政治。流水线旁的日子还印证了她的观念，即左翼知识分子出离工会行列大大削弱了他们对社会的贡献，动摇了他们最出色的理论建树的根基：“当我想到那些伟大的布尔什维克领导人提出要创造一个自由的工人阶级，而他们中却没有人曾走进一家工厂……因而对造成工人阶级被奴役或得到自由的真正条件毫无概念，于是政治在我面前，就成了一场可怕的闹剧。”[38]

这些政治反思大多在《工人的条件》（*La Condition Ouvrière*）一书中详述。该书是西蒙娜·韦伊去世后出版的作品合集，主要涉及劳动与工业问题，汉娜·阿伦特（Hannah Arendt）①对此书极为推崇，称其为“浩如烟海的文献中唯一一部毫无偏见地理性探讨工厂工作问题的著作”[39]。《工人的条件》详细阐述了被西蒙娜·韦伊视为20世纪工业最“令人气馁”的一面，即工人无法了解自己艰辛劳动的真正目的。工人被要求生产的是真实物体的局部配件——最终会成为摩托车、冰箱、收音机的各种齿轮和螺栓，多数工人永远也见不到自己制造的东西被用在何处，他们只把自己的工作视为一个丧失人性的单调过程。西蒙娜·韦伊建议采取一些简单人道的措施，比如带领工人的家人参观工厂，也许能使每个人对自己在这个集体流程中的角色有更多认识。她寄希望于技术的未来，希望能通过技术进步来减少劳动的重复性，把工人解放出来，进行更多的思想性的工作。

西蒙娜·韦伊坦率地承认，早年的原始马克思主义（Proto-Marxist）理想导致了她对工厂生活的浪漫主义偏见。离开雷诺后不久，很可能是受到菲利波·马里内蒂（Filippo Marinetti）和弗拉基米尔·马雅可夫斯基

---

① 汉娜·阿伦特（1906—1975），生于德国的犹太裔美国思想家和政治理论家，著有《极权主义的起源》。

（Vladimir Mayakovski）等现代主义者对未来机器崇拜的启发，她在致友人的一封信里，描述了这种天真的愿景：

> 集体生活的浓厚气氛使工厂有可能成为快乐的重要源泉……在工厂里，一切噪音都有意义，一切都有节奏地律动，合在一起，成为集体工作的交响。参与其中，神怡心醉……金属叮当作响，轮子吱吱转动，推杆猛力前冲，各种声音不代表自然，也不述及人生，却述说着人类对事物施加着持续不断的重要影响力。你融入那种喧嚣……因为在持续的低音调子里，那种从不停息而又永远变换的调子里，起主导作用的……是你操作的这台机器的声音。你不会像在人群里一样感觉自己微不足道，你会感觉自己举足轻重。你把全身感受到的周围所有物体微微震动形成的统一节奏尽收眼底。在清晨破晓之前，在冬日傍晚时分，当一切的光明只源于电，所有感官都参与到这一宇宙之中，一切都使人忘记自然，一切都不会无缘无故，一切都是影响力——人类对物质强硬的横扫一

切的影响力。电灯，传送带，喧嚣声，硬邦邦、冷冰冰的金属，所有这一切都参与了把人变成工人的过程。[40]

“工厂要是这样就太美了。”她在自己“著名的真实生活”体验使这种天真的乌托邦理想破灭几个月后写道。评估自己新的感悟时，她还注意到，工业革命已经历两个截然不同的阶段：最广为人知的阶段——通过科学使用惰性物质把生产转变成重工业——只是第一阶段。而第二阶段则在很大程度上被历史学家忽视了，这个阶段是在第一次世界大战后，涉及她所谓“科学使用生命物质，即人类”。而这也正是急需一场声势浩大的统一工会运动的原因。她总结自己的工厂经历：需要恢复每一个人的尊严；唯有这样的运动才“把生产者置于生产之上，与关注生产却无视生产者的资产阶级社会形成鲜明对比”[41]。

信仰萌芽

她一直热爱大海。1935年8月，西蒙娜·韦伊离开雷诺工厂后写信给朋友：“只有大海，能涤荡我所有累积的疲惫。”9月，她与父母一起去葡萄牙旅行，住在位于波尔图（Porto）和维亚纳堡（Viana do Castelo）之间一个美丽的白色小渔村。一天，西蒙娜·韦伊来到广场上，看到一支举行宗教仪式的队伍，队伍绕着星星点点散落在村庄小小海滩上的几处摇摇欲坠的渔民小屋行进。她后来这样描述那一幕，那也是即将改变她精神生活的一系列事件中的第一个：

> 处在……一种可怜的身体状况中，我进入这个葡萄牙小村，天啊，这个小村庄也是那么可怜，那天正巧是纪念村子守护神的节日。我独自一人。正值傍晚，一轮满月在天空俯瞰着大海。渔夫的妻子们排成队列走过所有船只，她们举着蜡烛，唱着歌……非常古老的圣歌，悲戚得令人心碎……我突然生出一个信念，基督教在很大程度上是奴隶的宗教，奴隶们情不自禁要皈依它，尤其是我。[1]

当时，她没有向任何人说起这次改变人生的经历。9月底，她和父母回到巴黎。几天后（当然是在母亲的陪伴下），她前往布尔日（Bourges）的教学新岗位。布尔日是一个小小的省会城市，有一座大教堂，在巴黎东南，开车需要三个小时。她在那里比任以往的任何教职都感觉更自在，而且与女校长和同事的关系都异乎寻常地好。

她班上的十二名女生亲切地称她“小韦伊”，喜欢往她的讲台抽屉里偷偷塞进右翼杂志逗弄她。她让学生描述不起眼的日常用品的某个单一方面——感觉、形式，或颜色——设法磨炼她们的写作技能（她班上的那篇获奖文章描述的是一块橡皮）。她给学生布置了大量的小说和诗歌作业，希望她们掌握伟大作家表达观点的方法：荷马、拉辛、卢梭、歌德、巴尔扎克、司汤达、瓦雷里、克洛岱尔、圣-埃克絮佩里以及托尔斯泰的《复活》。学生们经常被她离经叛道的观点和直截了当、出其不意的问题吓住。前者比如她认为同居胜过结婚，后者旨在让学生们跳出传统思维模式，比如“你杀过人吗？……用造豪华轮船诺曼底号的钱能盖多少栋工人的房子？”对于将轮船之美、轮船规模和法国影响力联系起来的任何回答，她都免不了要大大嘲弄一番。

后来，学生们逐渐开始欣赏她的特立独行与极度谦卑。她租住在一个女帽商的狭小阁楼里。冬天只靠一个烧木柴的炉子取暖，房间里一向凌乱不堪。有一天，书桌上放的一大笔钱不见了。她的反应是："不管是谁拿了钱，肯定比我更需要它。"人们经常看到她推着一对工人夫妇的婴儿车。她还常到当地医院去探访自己特别关照的一位残疾乞丐。前一年的经历始终困扰着她，使她无法不思考工厂的状况，她比以往更频繁地和学生探讨痛苦的主题：那年她大量的讲课笔记都触及人类痛苦问题。她多次到帕斯卡那里寻求灵感，下面的笔记即是一例："这些最能检验我的勇气：羞辱，堕落，奴役……了不起的天主教核心思想（帕斯卡）。"[2]

西蒙娜·韦伊还一直坚持加深与劳动人民的交往。在女校长的帮助下，她与当地一家工厂，罗西埃铸造厂（Rosières Foundries）的老板取得了联系，并很快前去拜访，希望在这家工厂里能得到一份工作。老板伯纳德先生是一位进步人士，受最近一次美国之旅的影响，出版了一本小小的工人杂志《我们之间》（*Entre Nous*）。他请西蒙娜·韦伊为杂志撰稿，她欣然提笔写了一篇激动人心的文章《致罗西埃铸造厂工人》，督促工人公开表达对工作的不满。伯纳德先生显然没有接受这篇文章，但他最终发表了西蒙娜·韦伊有关希腊文化的几篇短文。通过这几篇短文，西蒙娜·韦伊实现了使文学经典走近所有人的理想。她第一篇文章写的是安提戈涅（Antigone）。在这些文章中，她署了笔名“克里安西斯”（Cleanthes），克里安西斯原是靠送水为生的一位希腊斯多亚派哲学家的名字。

西蒙娜·韦伊在布尔日期间还几次尝试与农民阶层接触，但多数以惨败告终。有一次，她在乡间散步，说服一位农民让她用一下耕犁，但很快她就把犁弄翻了，令农民非常生气。几周后，一位学校同事把她介绍给贝尔维尔夫妇，他们在附近有一座小农场。他们同意西蒙娜每天来几小时，做些基础性工作——挖甜菜根、准备奶牛饲料、堆粪、向水槽里灌水。可她帮着做午饭时问了他们多少问题呀！“你们挣多少钱？你们是怎么做到收支相抵的？你们认为自己幸福吗？”贝尔维尔夫妇被这种追问弄得不知所措，当西蒙娜请他们“总结自己的愿望”时，他们简直狼狈极了。到她问起自己能否搬过来全天候和他们一起生活，付给他们租金，要“与农民打成一片”时，他们再也受不了了。“那我们就没法活了。”他们跟女儿说，同时恳请韦伊小姐不要再来了。他们抱怨说，西蒙娜·韦伊不仅从来不换衣服，给奶牛挤奶前也不洗手。他们给她一块上好的奶油干酪，她却推到一边，说印度支那的人民还在挨饿。“这个可怜的女孩子，”他们说，“读书太多把她给读糊涂了。”[3]

与早年当教师时相比，西蒙娜·韦伊在布尔日期间的精神状态差多了。政治局势使她满怀悲观情绪。1936年5月，布鲁姆的人民阵线大获全胜，给法国带来第一位社会党总理。人们以为西蒙娜·韦伊对此表示欢迎。尽管她对布鲁姆非常敬重，一开始她还是持谨慎态度，因为她害怕布鲁姆的国有化方案会加强国家权力；同时她对共产党人参与政府事务不信任。而她现在的心理状态则是自我苛求越来越厉害。她觉得自己最大的罪孽是懒惰。她在给朋友的信里说：“当我耗尽勇气，最可怕的诱惑是把头痛当托词，使之成为我无所事事的借口。”她担心如果自己停止授课，就不得不再依靠父母。“家人是宝，前提条件是与你稍微有一点儿距离……我父母也在这里，是令人痛苦的负担，因为和他们在一起时，我不能随心所欲。”她是否越来越意识到她和母亲之间有那种特别亲密的关系？那种亲密也许到了不正常的程度。她是否会对母亲把她捧在手心里的过度关爱表示更多的批评？在那段岁月里，她给韦伊夫人写过一封信，有这样的话：“我今天早晨做了一个奇怪的梦……我梦见你对我说‘我太爱你了，我爱不了别人’，这让我痛苦极了……”[4]

1936年春，西蒙娜·韦伊的哥哥建议她申请洛克菲勒研究基金，研究田纳西河流域管理局的运作，她想了想，觉得自己的身体状况不适合到美国去。头痛和持续疲惫使她产生了自杀的想法。“只有一条‘出路’，”她写信给朋友，“继续逼迫我自己，能撑多久就撑多久，等到要完成的任务和我的工作能力之间差距太大了，那就死去，每次被头痛折磨，我都问自己，怎么还没有到死的时候。”[5]

随着学年接近尾声，1936年6月，那个时代最重大的政治事件之一——布鲁姆的人民阵线掌权后发生的大罢工——把西蒙娜·韦伊从抑郁状态里惊醒。旨在逼迫布鲁姆进行全面社会经济改革的自发性运动浪潮迅速蔓延，参与的工人达到两百万。这是一种崭新的抗议形式，工人留厂罢工。他们占领厂房，连续数周在里面吃住；他们把吊床装在机器设备之间，让朋友和亲戚送饭过来；他们在厂房里面接待家人，举办音乐会。西蒙娜·韦伊计划好在罢工开始那一周到罗西埃铸造厂去，而尽管学校的毕业典礼还没有举办，她已经又决定收拾行李到运动中心巴黎去了。她写了一封极不得体的短信给罗西埃铸造厂老板伯纳德先生，取消拜访，同时强调了罢工的消息给她带来的“无法形容的快乐感觉”，并向工人们表达“最热情的祝贺”。但是，伯纳德先生和多数其他工厂的经理一样，惊骇于这次罢工的严重性，他给西蒙娜回了一封措辞尖刻的短信，以这句话结尾：“不能向您传递……礼貌问候之外的任何讯息，恳请小姐原谅。”[6]

回到巴黎，西蒙娜·韦伊重返自己工作过的雷诺工厂，感觉特别愉快，是“被一名工人微笑着批准进厂的那种愉快”，她在一篇题为“金属工人的生活与罢工”（The Life and Strike of the Metal Workers）的文章里写道。这篇文章发表在《无产阶级革命》杂志上。“在那儿看到那么多笑脸，听到那么多人像欢迎兄弟一样欢迎你回来真令人高兴……从你过去那些老板面前走过，昂首挺胸，真使人开心。终于无须再每时每刻都为保持个人尊严而挣扎了。”[7]她这篇文章发表时，布鲁姆政府已经颁布具有历史意义的法案：工人一周工作四十小时，有劳资双方集体谈判权，工资大涨，享有两周带薪年假。在那位女校长的坚持下，西蒙娜·韦伊回到布尔日的学校，参加学生的毕业典礼。她承诺要穿上最好的衣服，到场时却身披一件旧雨衣，脚上穿着她最破最劣质的鞋子。学生们聚集在她周围，竭力保护她不让公众看到。然而，无论她的行为如何怪诞，那一年她享受了到目前为止自己教师生涯中最大的成功：十二名学生中，有九名通过毕业会考，这在任何中学都是了不起的成就。口试结束后，西蒙娜·韦伊带着几个毕业生去看《摩登时代》——她对丁卓别林对工厂条件的洞察力依然怀着无限敬意。她甚至说——希望这是玩笑话——除了斯宾诺莎，卓别林是唯一伟大的犹太人。

第二年秋，西蒙娜·韦伊很可能会如愿被派往某个工业区任教。但历史插手了。那学期结束后不到两周，西班牙爆发了内战。7月的第三周，佛朗哥率领一群将军发动了针对前一年冬天民主选举产生的共和党政府，或称人民阵线政府的政变。尽管西班牙人民阵线的成功曾鼓舞了法国的人民阵线，法国总理布鲁姆和他的温和左派阵营还是抵制了共产党人要法国干预这场战争的要求。尽管德国对佛朗哥的物资援助和意大利人力援助的各种报道令人惊恐，但布鲁姆对扩大欧洲冲突采取了谨慎态度。他也害怕疏远法国的主要盟友英国。随着法国决定中立，成千上万的欧洲人和美国人涌向西班牙，为共和党政府提供志愿服务。

考虑到我们今天对于20世纪历史的理解，在法国对待西班牙这件事上，以及更重要的，在总的反战主义问题上，西蒙娜·韦伊的立场似乎是执迷不悟，有失体面。比如，前一年3月，她完全赞同法国不干涉希特勒入侵莱茵兰地区，这一地区早已在《凡尔赛和约》中被划为停火区。因为德国当时才刚刚开始重新武装，根本不可能敌过1936年的法国军队，现在很清楚，法国失去了给纳粹主义决定性打击的机会。这次对待西班牙，西蒙娜·韦伊的立场稍微有了变化：她还是完全赞同布鲁姆做出的不正式干涉佛朗哥的决定，但她认为，对任何战争问题，每个人都必须听从自己的良心。在西班牙这件事上，她对共和党人发自内心的同情成了她的良心所向。于是，她立即出发了，随后还会有马尔罗、圣－埃克絮佩里、奥威尔和很多欧洲人和美国人走上这条路：她加入了后来变成国际纵队的核心组织，带着一家工会杂志给的记者证，出发奔赴西班牙前线，体验她人生里的第一场战争。几天后，她的父母就来到了紧邻西班牙边界的佩皮尼昂（Perpignan），希望在这里跟她保持密切联系。他们这次的惊骇程度远远超过西蒙娜·韦伊去德国那一次。

法国记者夏尔·德雷福斯（Charles Dreyfus）在他的西班牙内战回忆录里，记录了他对西蒙娜·韦伊的印象。当时西蒙娜站在法西边境的队伍里，和数百名共和党人的同情者一起等待过境，去巴塞罗那，手里攥着记者证。

> 她当时的样子犹在我眼前，一个年轻女士，卷曲的头发上是一顶巴斯克贝雷帽，帽檐下，鹰钩鼻子上架着一副眼镜。没有化妆，嘴唇轮廓分明，下巴坚毅有力。她上身穿着一件浅灰色衬衫，下面一条深灰色短裙，及膝的长袜保护着两条瘦腿，脚上是一双登山鞋。她手里拿着一小片皱了的纸，肩上背着塞得满满的旅行包。她说话声音柔和，但音调很高，眼睛闪着睿智的光芒。她很快就离开了我们。那张她小心翼翼又自豪坚定地递上去的皱巴巴的纸为她开辟了她想要走的路。[8]

一到巴塞罗那，西蒙娜·韦伊就通过到托洛茨基派的“马统工党”（Partido Obrero de Unificación Marxista，马克思主义统一工人党，主要由共产党中的持不同政见者组成）总部报到找到了自己的方向。马统工党的领导人前一年在巴黎流放期间曾听说过她。因为下定决心要直面危险，西蒙娜·韦伊报名参加了中央无政府主义工会运动——全国劳工联盟自卫队（Confederación Nacional del Trabajo）。该自卫队当时正在埃布罗（Ebro）河左岸一个叫皮那（Pina）的城镇附近战斗，那是共和党人西进穿越亚拉贡（Aragon）到达的最远处。西蒙娜·韦伊很快就到了皮那，加入传奇人物杜鲁提（Buenaventura Durruti）的队伍，杜鲁提是加泰罗尼亚无政府主义团结工会的领袖，负责最重要的组建全国劳工联盟自卫队的工作，自卫队有六千人。8 月 15 日，西蒙娜·韦伊听到杜鲁提向农民发表演说，而令人心情沉重的是，她注意到听众的热情并不高。

西蒙娜·韦伊到前线后，设法加入了一个和西班牙人并肩战斗的外国人突击队。这支队伍人数不多，都是法国人、意大利人和德国人，她是唯一的女性。一个名叫卡尔庞捷（Carpentier）的前法国殖民军上校教她如何使用步枪。其他志愿者注意到她的笨拙程度，马上决定不再走进她射程之内。他们也不愿让她加入突击队的行动。但她大闹了一番，恳求参加所有行动，终被允许参加了一个小分队，该小分队计划到埃布罗河右岸去，炸毁敌人的一条铁路线。她这支由二十名共和党人支持者组成的队伍在下午两点半驾船出发。一到右岸，西蒙娜·韦伊就奉命和一名德国厨师一起待在大本营，其他人都去执行任务。“那个年轻的德国人时不时地发出一声叹息，”她在那天的日记里写道，她在西班牙期间也断断续续地写日记，“看得出来，他被吓坏了，我却没事。可是，周围的一切看起来是多么真实的存在啊！”这个世界，她想着，在可能会被杀死的这一刻，自己看上去从来没这么美丽过。然而，尽管她急于见到行动，却对这次远征没有太大的热情。她注意到队伍里柔顺、胆小的当地农民和满怀自信、自视高人一等、经常目空一切的游击队员之间的巨大分歧，还越发注意到经常是她所在的一方犯下暴行。“如果我被抓，就会被处死，”她在日记里写道，“但那是我们所有人应得的下场。我们的部队已经杀了很多人。我确确实实成了一名共犯。”[9]

8 月 21 日上午，西蒙娜·韦伊所在的队伍还在埃布罗河右岸露营，她的同伴们挖了一个深坑点火，为的是做饭时不被敌人发现。火上放了一口巨大的锅，与地面齐平。西蒙娜·韦伊的笨拙举止使同志们最害怕的事发生了。她眼睛近视的程度毫不亚于肢体的笨拙，就在那天晚上，她一脚踏进了滚烫的油锅。烫伤很厉害，一直向上蔓延到腿中部，大家帮她把靴子脱下来时，皮肤还粘在毛袜子上。突击队员们说服她坐船去了皮那，她在那儿登记进了一个简陋的临时医院，主治医生是理发匠出身。过了二十四小时，她意识到伤口在这名医生粗疏的照顾下有可能感染，就一瘸一拐地朝着巴塞罗那方向往回走。她背着背包，搭上了一辆瑞士工会人员的车。

西蒙娜·韦伊所在的志愿者队伍驻扎在埃布罗河岸边期间，韦伊医生和夫人在佩皮尼昂空等了很久，对女儿的最新冒险忧心如焚，他们找到自己认识的工会人员，靠关系穿越了西班牙边界，来到巴塞罗那。几乎所有旅馆都被征用了。他们背着包在城里四处逛，几小时后终于找到一个房间。这是一间廉价的出租屋，又脏又乱，墙上有很多子弹孔。他们放下行李，马上到马统工党总部去找西蒙娜·韦伊，但除了知道她在前线，没有一点儿其他消息。因为共和党部队从前线下来的护送队夜里才能到，韦伊夫妇就连续几个晚上坐在马统工党总部前面的一个长椅上熬到午夜以后，到了第四还是第五天，西蒙娜·韦伊突然出现了。当时韦伊夫妇正坐在一家咖啡馆里，西蒙娜·韦伊痛苦地一瘸一拐地走着，但脸上还挂着微笑。韦伊夫妇立刻检查女儿的腿。他们担心感染会蔓延，因为找不到任何合适的医疗救助，韦伊医生决定亲自照顾女儿。父母把她带回那间出租屋，她在那儿养伤，住了三周。

她利用那段时间记录了她的无政府主义同事处死人的情况——一段令她非常痛心的经历。同为志愿者的卡尔庞捷到出租屋来看她，告诉她一个十五岁男孩被杜鲁提处死，因为被关押了二十四小时后，男孩还是拒绝向共和党宣誓效忠。她还听说共和党人发动了一次突袭，杀死九名法西斯分子，旨在为早先一次袭击中遇害的九名共和党人复仇。这些事都困扰着西蒙娜·韦伊，令她惊骇。她会在后来写给作家贝纳诺斯（Georges Bernanos）的一封信里生动地描述这一切，以及她亲眼所见的暴力事件。她从未与贝纳诺斯谋面，但对这位作家的作品《月光下的公墓》（*Les Grands Cimetières sous la Lune*）崇拜之至。这位臭名昭著的右翼作家，虽然坚定地站在佛朗哥一边，但对民族主义者和保皇派施行的残暴手段都进行了谴责，这使西蒙娜·韦伊非常感动。“你作为志愿者前去……但卷入的战争与那些雇佣兵发动的战争没多大区别，对敌人甚至更残忍，根本不怎么在乎。”她在1938年写给贝纳诺斯的信里说，“……你是一名保皇派……谁在乎啊？和亚拉贡我那些自卫队队友比起来，你亲切多了。”[10] 人们会很吃惊，她想象的竟是一场不会有任何暴行的内战。

回法国时，西蒙娜·韦伊仍然拄着拐。那一年里，她还要拄很长时间。开始康复时，她还想要回到西班牙去。但她康复得太慢了，后来不得不向自己的教学单位请了三个月假，又续请了两次，因此，她那一年都没上课。不过，这次意外反而救了她的命。到了秋天，她离开西班牙几周以后，她原先所在的志愿者部队扩大了不少，但整个部队被打得落花流水，所有妇女都被杀害。

那年秋天，尽管对内战中的暴行感到不安，西蒙娜·韦伊还是参加了在巴黎举行的多个会议，支持西班牙共和党人。她一如既往地攻击斯大林主义者，会议结束时还是拒绝唱《国际歌》。尽管除了自己最亲密的朋友，她不愿意向任何人承认，她还是感到自己对左翼事业的同情又一次遭到了打击。她对西班牙内战深感失望，因为她觉得，这场战争已不再代表农民或工人的利益，而变成了两股冲突势力——俄罗斯和意大利、德国——之间的战略博弈。她再次努力把精力集中在法国工会运动上。法国总工会和联合劳工总联盟刚合并成一个工会，这是西蒙娜·韦伊一直希望看到的结果，合并后的工会沿用法国总工会的名称，其成员已经达到一百万。她因为一个有关总工会在法国北部工厂活动的研究项目，前去拜访该组织的总书记勒内·贝兰（René Belin）。贝兰记得她当时谦虚地坐在他办公室的一个角落，戴着一顶小贝雷帽，讲话柔声细语，好像很疲惫、很虚弱。自从经历了西班牙的一切，她在很多方面都变柔和了，不再显得那么粗鲁，也更谦卑了。她“学乖”了，很多朋友这样想，她也不那么跟人对抗了。

可是，在抨击苏联方面，西蒙娜·韦伊没那么柔和，也不怎么谦虚。在1937年2月一次总工会会议上，她吃惊地注意到，法国两大工会的统一极大加强了共产主义的影响。她还愤怒地发现，工会领导人的最新讲话里还赞美苏联通过去年（1936年8月和1937年1月）斯大林主持的“审判表演”“消灭了法西斯主义先锋”。后来，她在全国总工会的报告里又读到了类似的语句，肯定新的苏维埃政权是“全世界最民主的”，她怒不可遏。她为《无产阶级革命》撰写的有关大会的一份报告里写道：

> 莫斯科这些表演的整个过程都有幕后操控……那种残忍无法形容，关于最后那批被枪毙的俄国领导人……俄国代表的自我表达简直卑鄙之至……谄媚的喝彩很有效率。我们的人民……因愤怒和厌恶而不知所措。起身高唱《国际歌》……有人是坐着唱……是对这种死刑辩护的致敬……唱《国际歌》为死刑喝彩毫无骄傲可言。[11]

参加西班牙内战的一个好处是，西蒙娜·韦伊可以支持极端反战立场而不会被批为懦弱。1937年1月，德国军队登陆西属摩洛哥。法国媒体呼吁立即干预，以防止德国占领法属摩洛哥。西蒙娜·韦伊强烈反对干预行动，她写了好几篇文章，冷嘲热讽，证明法国首先无权享有“摩洛哥，这个典型的法国省”，法国是以最令人唾弃的方式获得这片土地的。对德国希望从“高卢人的祖先那里继承下来的传统”中把摩洛哥抢走，她假装义愤填膺。那年冬天，希特勒正在发出可能占领苏台德地区的信号，而一旦需要干预，法国却按兵不动，对捷克斯洛伐克不予支持，对此，西蒙娜·韦伊会同样态度激烈。

1937年最初几个月，也是西蒙娜·韦伊从西班牙回来六个月以后，她开始参加在花神咖啡馆召开的会议。这家咖啡馆后来因存在主义者而出名。会议的组织者是鲍里斯·苏瓦林和奥古斯特·德特夫，德特夫是阿尔斯通工厂开明的老板，西蒙娜·韦伊两年前曾在他那儿工作过。这个小圈子里有作家雅克·马里坦（Jacques Maritain）、让·波扬（Jean Paulhan）、鲁热蒙（Denis de Rougemont）以及其他几位名人，他们刚刚创办了一本新杂志，名叫《新报告》（*Nouveaux Cahiers*）。西蒙娜·韦伊在这本杂志上发表了她目前为止最惊人的反战言论。文章题为“让我们不要发动另一场特洛伊战争”（Let Us Not Start Another Trojan War），其灵感来自让·季洛杜（Jean Giraudoux）最近充满反讽意味的反战主义剧作《特洛伊战争不会发生》（*La Guerre de Troie n'aura pas Lieu*）。该剧的论点是，就像特洛伊战争是因为一个虚幻的海伦——一个参战者不在乎的人——打起来的，当代战争也以无关个人的抽象实体名义和“民族主义”“资本主义”“社会主义”等“各种主义”的名义在发生。西蒙娜·韦伊发出了同样的警告。她写道，威望的幻觉居于权力斗争的中心，没有威望，权力会变得不那么稳固。“在不同威望之间，不可能有任何平衡……威望没有边界，威望的满足始终建立在对他人尊严的侵犯之上……而威望与权力密不可分……这好像是个死胡同，人类若想逃脱，只能期待奇迹。”她记起，阿纳托尔·法朗士（Anatole France）曾开玩笑地哀叹战争中的人相信自己在为某个工业家而死。这样的画面太美好，西蒙娜·韦伊同样以讥讽的口吻说：人甚至都不会为了任何像工业家这样具有实质内容的具体事物而死。

1937年春，西蒙娜·韦伊实现了她长久以来要去意大利旅行的愿望。过去几个月，她的偏头痛又厉害了，旅途中，她到瑞士蒙塔纳（Montana）的一家诊所就医，医生向她推荐了一种新疗法。她在那儿逗留了一个多月，头痛没有得到有效缓解，却度过了一段快乐时光。韦伊医生来看她，他们一起去苏黎世咨询一位有名的眼科专家，希望他能对西蒙娜·韦伊头痛病的神秘原因找到些许线索。这次拜访同样无功而返，不过，他们可以利用这次的绕行，到附近的艾西德伦（Einsiedeln）修道院听格列高利圣咏（Gregorian chant），过复活节。韦伊医生对此兴趣不大，但西蒙娜·韦伊，现在越来越被教堂音乐吸引，感觉听一整天都没问题。

在瑞士疗养期间，西蒙娜·韦伊和一位年轻的医科学生让·珀斯特纳克（Jean Posternak）建立了长久的友谊。当时珀斯特纳克正在那里接受肺结核治疗（他不到一年就痊愈了，后来成了一名极成功的医生）。西蒙娜·韦伊到意大利后，书信大多是寄给他的，这些信件惟妙惟肖地展示了西蒙娜·韦伊二十八岁的样子——她广泛的文化兴趣，她这位苦行者身上不常见的对美的渴求，她对朋友的忠诚与温柔体贴。人们会被她指导病友的奉献精神打动，这位病友曾请她帮自己提高古典文化修养。一到米兰，她就为他抄写卢克莱修（Lucretius）《物性论》（*De Natura Rerum*）里面的开篇诗节和歌德写的有关罗马的诗歌。对柏拉图的作品，她相当于给他开了一门小课，并警告他这些作品的法语译文只有极小的一部分译得不错。“我回巴黎以后会为你翻译几段《理想国》，作为你寻找好文章的基础……或者作为其他方面学习的起点，学学希腊语，这门语言很容易。”这后加的一句表现出天赋异禀的韦伊家孩子所特有的对学问的轻率态度。为了启发珀斯特纳克，西蒙娜·韦伊还抄写了《伊利亚特》中第二十一到二十三章中的两百行诗，而且是她自己的译文（她写希腊方面的文章时坚持自己翻译，经常花上一小时研究荷马的某一句诗该如何重新措辞才恰到好处）。

为了准备翁布里亚（Umbria）之行，西蒙娜·韦伊在读马基雅维利的《佛罗伦萨史》（*History of Florence*）［“如果有比塔西佗（Tacitus）文笔还优美的文字，这里面就有几段”］，同时为那位康复中的病友抄写了但丁关于圣方济各的诗。即将离开米兰时，她描述了列奥纳多·达·芬奇《最后的晚餐》中的创作力量：

> 耶稣头顶右侧的头发上有一个点，来自屋顶的所有透视线，以及来自他两侧各使徒的手形成的几乎所有透视线都聚焦在此。但这种汇聚……只存在于其自身产生的二维空间。因此，就出现了双重创作，通过某种有助于使其平静显得超自然的神秘微妙的影响，目光从各处聚

回到耶稣的脸上……不在这个修道院的食堂里
度过人生实在没有站得住脚的理由。

西蒙娜·韦伊曾经在佛罗伦萨乌菲奇（Uffizi）艺术馆连续数小时欣赏她最喜欢的画作：乔尔乔涅（Giorgione）的《田野合奏》（*Concert*）。她评论那个月在意大利欣赏的歌剧——威尔第的《奥赛罗》，莫扎特的《费加罗的婚礼》[布鲁诺·瓦尔特（Bruno Walter）指挥]和她最喜欢的蒙泰韦尔迪（Monteverdi）的《波佩亚的加冕》（*Incoronazione di Poppea*），最后这场演出她是在波波里花园（Boboli Gardens）看的（“我将终生铭记的一次神奇体验”）。她还为珀斯特纳克抄录了圣方济各《小花》中的一段：“所有这些，我们收到的面包，我们发现的精美石头和清澈的泉水，都是天赐的礼物：这就是为什么我想请大家一起请求上帝把他的挚爱赐予他赋予我们的神圣贫穷这一高贵宝藏。”

在佛罗伦萨期间，西蒙娜·韦伊还参观了法西斯党总部，迫切想了解这个政党的思想情况和权力基础。她去找了珀斯特纳克的一位熟人，法西斯党总部一个非常友善的年轻官员，这位官员告诉她，她“在社会上的正常而合法的位置是在盐井底部”。“我宁愿死在盐井里，”她向珀斯特纳克说起这名年轻的法西斯党员，“也不愿意过他这种狭隘的生活。矿井也没这么令人窒息……这种民族国家情结，这种对最野蛮力量的崇拜，我是说，这种集体崇拜。”这是她首次提到“集体是猛兽”（Collectivity as Great Beast）的概念，这个概念源于柏拉图《理想国》中的一段，里面详细阐述了大众观点和集体判断的极大危险。她还会详述这一“猛兽”[12]主题，在她的余生，她还将其用作任何对国家权力的过度崇拜。

在罗马，西蒙娜·韦伊被圣彼得大教堂圣灵降临节的弥撒之美深深打动（“没有什么比天主教礼拜仪式上的祷文更美的了”），可是不管她多么喜爱罗马，最倾心的还是阿西西（Assisi）：“在阿西西，我忘记了米兰、佛罗伦萨、罗马和其他地方的一切。”她对翁布里亚的风景大加赞赏：“那么优雅、那么神奇的福音之地……这块圣方济各拣选的最美好的试炼贫穷之地；他身上一点儿也没有苦行者的痕迹。”在阿西西，西蒙娜开始思考人类灵魂的命运，她依然认为灵魂不会永生。“正是在现世的生命里，人必须提升自己，达到永恒，”她在写给瑞士康复中的病友的信里说，“假如一切都随死亡消失，那么珍爱生命，使灵魂在消失之前获得拯救比什么都重要。我坚信这是苏格拉底、柏拉图和福音书的真正意义，其他的一切只是一堆符号和隐喻而已。《斐多篇》提出的真正问题是，灵魂是否是一种会消失的物质。”[13]

尽管西蒙娜·韦伊直到几年后才完整地描述这段插曲，但就是在阿西西的安杰利圣母堂（Chapel of Santa Maria degli Angeli），圣方济各过去常常做祈祷的这个地方，西蒙娜·韦伊经历了她目前为止最重要的人生转变。她在1941年写给朋友贝汉神父的信里说：“就在我独自一人待在这个12世纪小小的罗马式安杰利圣母堂里时，一种罕有的纯粹奇迹，比我自己强大的某种东西迫使我，人生第一次，跪下了。”[14]所以，圣方济各礼拜堂里的那一刻成了使西蒙娜·韦伊皈依基督教的第二次关键体验。第一次体验是那次在葡萄牙小渔村里看到宗教仪式队伍。有好几年时间，她对基督教的日益认同都是极私密的事。

西蒙娜·韦伊回到巴黎时，在政治上面临着更多失望。她曾谨慎地抱有希望的布鲁姆人民阵线政府倒台，被谨小慎微的中立派肖当（Maurice Chautemps）领导的联合政府取代。西蒙娜·韦伊在一篇题为“对一具尸体的沉思”（Meditations on a Corpse）的文章中写到布鲁姆人民阵线政府的垮台，表示了她的哀悼：“姑且不谈布鲁姆的真诚与美德，在法国政坛到哪儿去找像他这么聪明的人呢？”但她也批评布鲁姆未能充分利用1936年6月的热情，批评他有着众多本意良好的民主社会主义者的通病：虽然本意良好，但缺乏那种高效执政所必需的务实的怀疑精神；同时还受到他自己天真的对群众和物质进步的原始马克思主义信仰的束缚。她评论说，如果不追随马克思，而是追随马基雅维利，他本可以做得更好。马基雅维利的观点是，任何新官上任都必须立即采取强硬措施。“权力以及任何政治活动的基本原则是，”她引述马基雅维利的话，“永远都不应表现出软弱。权力不仅要使人热爱，也要使人有一点儿畏惧。”[15]布鲁姆垮台几周之后，西蒙娜·韦伊又经历了一次大失望。西班牙内战发生转折，佛朗哥夺取了西班牙西北部港市毕尔巴鄂（Bilbao），共和党人获胜的希望变得微乎其微。布鲁姆和西班牙共和党人的双重溃败使她对政治活动日益疏远，这也许促使她更热切地寻求精神上的重生。

西蒙娜·韦伊秋天到圣康坦一所女子中学任教。圣康坦是一座工业城市，到巴黎交通很方便，正是她渴望的工人阶级阵地，也是她开始教学生涯以来一直要求去的地方。她在那儿的学生一定很崇拜她，因为有几个学生一直保留着在她课上记的大量笔记。这也是她教学生涯最好的记录。（西蒙娜·韦伊在圣康坦中学被保留下来的课堂记录中有一些带着神秘色彩的语句，有一句是：“天才是知道如何到八十岁还能保持自己两岁时的聪明才智的人。”）可是，尽管学生们听课专注，也都很喜欢她，日益严重的头痛病还是使她这一年过得很艰难。头痛变得实在难以忍受，她感觉理智都受到了威胁。她最害怕的是自己会发疯。“有一段时间，我觉得疲惫与疼痛加剧真是可怕的威胁，会使我完全崩溃，”她后来在作品中回忆起那段岁月：“有好几个星期我都在思考，难道死亡不是我的必要责任……只有死亡可能成真的希望……才能使我归于宁静。”[16]

1937年接近尾声，因为担心自己长了脑瘤，西蒙娜·韦伊去拜访一位外科医生。母亲觉得西蒙娜不可能需要做大脑手术，她反驳说：“你想让我一次一次崩溃吗？”1938年1月，随着头痛病进一步加重，她决定向教育部请病假。后来那学年又续了假，随后的1939年和1940年还是接着请假。实际上，她后来再也没有去上课。

这种被迫失业使她有大量时间学习、读书、给朋友写信，谈论欧洲日益恶化的政治局势。从她写给珀斯特纳克的信中，我们可以看到西蒙娜·韦伊对她自己一直以来倾心关注的多数传统左翼问题——工人阶级、人民阵线、工会制度——幻灭的意味深长的记录。她特别对兵器工人罢工提出批评：

> 为国防事业工作的兵器工人罢工令人不齿。这种行为若是出于反战主义情感，其对信仰的肯定值得称道；但这些工人中大多数人的动机绝非如此。他们几乎所有人都支持备战，特别是那些共产主义者。正当政府耗尽资源增加军备之时，他们却停工，要求增加本来已经高得离谱的薪水。

“[法国]目前是一个悲哀的国家，”她在 1938 年 3 月写给珀斯特纳克的信里说，并且具有远见卓识地正确指出，导致法国 1940 年被击败的原因是夸大妄想、知识硬化和道德冷漠。

1936年6月的精神面貌（人民阵线）……是腐败。……法国刚刚降到了二等权力国家的行列……这对于一个依然陶醉在路易十四和拿破仑时代之辉煌的民族，一个始终自以为是宇宙之恐怖与荣耀的民族，是艰难的。这样的过渡——没有人愿意承认——会导致令人难以置信的接二连三的谎言、蛊惑人心的宣传、混乱不堪的局面……夸耀与恐慌交织，总之，是完全令人难以忍受的氛围。[17]

上帝与战争

西蒙娜·韦伊长久以来很想去法国东北部一个本笃会修道院索莱姆（Solesmes），该修道院以单旋律圣歌闻名，同时也以礼拜仪式的革新中心为人所知。这里的仪式太火了，特别是在复活节期间，座位提前几个月就排定了，要想拿到入场券很难。不过，1938年春，韦伊医生和那个地区的一个朋友联系，竟然为妻子和女儿弄到两个座位。西蒙娜·韦伊和母亲在那儿住了十天，从圣枝主日（Palm Sunday，即复活节前的星期日）一直住到复活节周的星期二。韦伊夫人只参加了几次礼拜仪式，但西蒙娜·韦伊坐在教堂后排左侧的座位上，参加了所有仪式。“她并不是天主教徒，”她们在修道院遇到的一位妇女说，“可是，她比任何人都更虔诚地参加了所有仪式。”[1]

西蒙娜·韦伊后来写到在索莱姆的日子，觉得自己人生中再也没有在其他时间对基督受难有如此强烈的感觉。她把这种对基督受难的顿悟与整个复活节周里自己遭受的前所未有的身体疼痛联系起来：

> 每个声音都好像给了我重重一击，使我受伤……靠着极大的毅力集中精神，我才能超越这个可怜的肉身，让它蜷缩在角落里独自受苦，同

> 时在圣歌旋律与歌词的不可思议之美中找到纯粹完美的欢乐。这一体验使我能够……更深刻地理解神圣之爱在苦难中的可能性……在这些礼拜仪式中，耶稣受难的概念永远进入了我的生命。[2]

还是在索莱姆，西蒙娜·韦伊第一次感受到圣事的超自然本质。这一洞见源于修道院礼拜仪式中坐在她前几排的一个英国人；她看着他从圣坛领圣餐回来时，全身似乎散发出一种“真正天使般的光芒”[3]。后来他们熟识了，她就称他“天使男孩”。而事实上，他既是天使，也是信使，因为他把西蒙娜·韦伊带进了一个将使她的人生变得更美好的文学世界。他们一起细读了17世纪英国玄学派诗人的作品集，其中乔治·赫伯特（George Herbert）的一首诗对她影响特别大。这首诗的开篇诗节是这样的：

> 圣爱欢迎我，而我的灵魂却在退缩，
> 因为蒙着浮世的灰尘与罪过。
> 但圣爱目光敏锐，从我踏进门槛，
> 就注意到我迟疑不前，
> 轻轻靠近我，柔声询问，

是否需要些什么。

鉴于西蒙娜·韦伊对营养的强迫性态度，人们也许会注意到把她带到“圣爱”面前的这首诗最后几行与食物和饥饿有关：“你定当坐下，圣爱说，且食我肉。/我于是坐下，享受这爱之圣餐。”

这首诗的起效过程非常缓慢。回到巴黎后，她一遍一遍反复阅读，到夏天时，好像已经背下来了。但直到年底，给朋友抄了几遍，自己又反复朗诵几遍后，她才领悟到其中的重要启示。她说，有一天，这首诗把她带到了“基督面前”，加深了她在索莱姆获得的对耶稣受难本质的领悟。她描述了启示的一个阶段，当时她一边经历着头痛的剧烈折磨，一边朗诵赫伯特的《圣爱》，这时灵光闪现：

> 在身体经历剧痛的时刻，正当我努力去爱的时候……在完全没有准备的情况下（我从来也没读过神秘主义著作），我感觉到某种比一个具体的人更私密、更确定、更真实的存在，一种感觉和想象都无法抵达的存在，很像使爱人者脸上绽放出最温柔笑容的爱。[4]

从那个时刻起，西蒙娜·韦伊就肯定：“上帝之名与基督之名已经越来越难以抗拒地与我的思想融为一体。”[5]

这样的体验，如果不是亲身经历，还是很难理解。对于西蒙娜·韦伊，这种顿悟属于恍然大悟。尽管她青年时代的重要导师阿兰曾察觉到她身上的神秘气质，但她一直否认“在地球上，人与上帝之间会真正发生人与人之间那种接触”[6]。[鉴于她与帕斯卡特别亲近，回顾帕斯卡的“火之夜”（night of fire）——他三十岁出头时经历的神秘启示倒是很有意思。帕斯卡在他余生一直都缝在衣服里随时携带的《纪念》（“Memorial”）对那段经历进行了简短描述，他这样写道：“确信。确信。情感。快乐。安宁……完全顺从，谦恭柔顺。对耶稣基督完全臣服。”[7]]

严格的现世主义者也许会将西蒙娜·韦伊宗教信仰的出现回溯至她在社会政治领域历经的多次幻灭：充满激情的年轻女士体验了一系列的彻骨心寒，摒弃马克思主义、革命工团主义、工会主义、西班牙共和党事业；所有这些都先后被她的工厂工作经历、她对法国人民阵线命运的失望，以及她的祖国日益明显的道德萎靡所动摇，而在此期间，她对自己的犹太血统始终非常矛盾，她父亲一直以来就是如此。

然而，不管我们如何努力要使这段经历合理化，西蒙娜·韦伊在索莱姆的精神体验以及阅读赫伯特诗歌对这一体验的进一步深化，都具有真正神秘体验的全部特征：此前经历的身心痛苦使她不再固执己见；这种体验不期而至——她对此毫无预感；恭顺、快乐，特别是帕斯卡式的确信感通过她的顿悟（一种“更确定、更真实”的存在）实现，却与此前她所了解的一切情感无关。她开悟的方方面面都与众多灵性作家——从诺里奇的朱利安（Julian of Norwich）和圣女大德兰（Saint Teresa of Avila）到帕斯卡和圣女小德兰（Saint Thérèse of Lisieux）——一脉相承。然而，与这些神秘主义者不同的是，特别是与帕斯卡不同的是，西蒙娜·韦伊起初对自己的灵性觉醒闭口不提，而帕斯卡在“火之夜”后不久就在皇家港（Port Royal）修道院加入詹森教派，而且不经教会允许从不发表任何文章。实际上，西蒙娜·韦伊对自己的宗教情感的保密工作做得太好了，她父母直到 1940 年秋才注意到，而她的亲哥哥直到 1942 年她到了美国才获悉此事。

西蒙娜·韦伊 1938 年在灵性成长方面可谓一日千里，

而伴随这种变化的是完全不涉及任何政治内容的阅读与新的研究方向。她开始做一个比较宗教方面的大课题，通读了《埃及亡灵之书》(*The Egyptian Book of the Dead*)和若干亚述－巴比伦语文章——她很快就直接读原作了（“竟然是这么简单的语言！”她欣喜地告诉佩特勒芒）。那年她还对T. E. 劳伦斯(T. E. Lawrence)产生了极大兴趣，把劳伦斯和托尔斯泰、圣方济各比较。她像情窦初开的少女一样一下子就爱上了他：她不能接受劳伦斯已作古的说法；她坚信他的死亡是谣传，自己有可能在不久的将来遇到他。“你若想了解是什么非凡的化学物质造就了一个真正的英雄，一个极其清醒的思想家，一个学者，尤其是一个圣人，”她致信珀斯特纳克，“那就去读他的《智慧七柱》(*The Seven Pillars of Wisdom*)……就我所知，自《伊利亚特》以来，还从未有一本书如此真诚地描写一场战争，而且书中没有华丽的英雄颂歌。总之，还没有一个历史人物，不论哪一个时代，身上集中了我崇拜的所有特质。军人的英勇本已罕见，精神之清醒更是难能可贵，而做到两者统一的人几乎史无前例。”[8]

对任何一个如此关心欧洲命运的人，接下来的几个月带来的都是不尽的痛苦。1938年春，希特勒入侵奥地利，和平日益成为前所未有的奢望。但西蒙娜·韦伊的座右铭仍然是“不惜一切代价争取和平！”，这和少数非共产主义者左翼人士的观点一致。她为一家著名的法国杂志起草了一份请愿书，由数十位左倾知识分子精英签名，请求与“法西斯对手”立即展开谈判，同时“对张伯伦的努力表示诚挚的欢迎”[9]。她害怕德国吞并奥地利会增加希特勒下一步袭击苏台德地区的可能性；在写给珀斯特纳克的信中，她表达了这种忧虑，并在一篇题为“欧洲关于捷克的战争”（Europe at War over Czechoslovakia）的文章中详细阐述。

在韦伊看来，法国1939年可能出现两种情况。一种是捷克危机也许会刺激法国对德宣战。（“根据共产党的说法，任何法德战争都是好事。”）另一种可能是由总理达拉第和军队发动反民主政变，同时伴随着反犹主义大爆发和对所有左翼党派的残酷压制。这两种情况中，西蒙娜·韦伊反倒觉得第二种情况——右翼得势与反犹行动——对法国年轻人“不那么致命”，因为不会导致全面战争的爆发。如果纳粹德国确实入侵苏台德地区，他们的反苏反犹政策会产生什么恶果呢？对这个问题，西蒙娜·韦伊依然遵循“两害相权取其轻”原则，提出的观点既令人困惑，又显出短视。她觉得，苏台德地区的两百万德国人确实有民族自决权，而通过让德国占领这个地区，欧洲各国等于帮助修正了一个“不大可能导致战争”的错误。她推断，在德国占领下，“捷克人能禁止共产党，把犹太人从所有相对重要的位置上赶走，而不会造成其国民生活的任何损失”[10]。

她对自身安全的漠视、父母对其犹太传统的矛盾态度、她的自虐倾向，又或许是三者兼而有之，使得她这些年来都更倾向于第二种可能情况——在这种情况下，她本人也可能成为受害者？如果她对自认为“较小恶”的可怕后果视而不见，那是因为她深受20世纪30年代一种新的左翼综合征之苦——有关法国殖民政策的集体自惩。法国人若想获得名副其实的自由，她在1938年自以为是地指出，他们的事业就必须绝对纯粹和正义，而直到放弃他们的殖民帝国，法国人才会变得正义。她更是具有预见性地辩称，逐步解放法国各殖民地会有利于整个世界，因为这样可以避免解放战争的发生，而一旦发生解放战争，新国家会出现“狂热民族主义……军国主义加剧以及国家对社会生活方方面面的侵害”。（她特别害怕阿拉伯民族主义。）但不管西蒙娜的信念如何真挚、深刻，她反对殖民主义的论断有时反倒遵循的是左翼逻辑。“我感觉，法国就是损失其一部分独立性也比继续践踏阿拉伯人、印度支那人和其他殖民地人民更体面。”[11]总之，她的工作原理是顽固的和平主义（具有反讽意味的是，很多右翼人士和未来维希政府的支持者也是如此），即法兰西民族通过向敌人敞开大门就有可能省去非常多的痛苦。鉴于另一场世界大战对整个世界都是灾难，她争论说，德国占领欧洲，“前景可能很痛苦”，但从长远看来，并不比法国对殖民地的占领更糟。

如今看来，西蒙娜·韦伊的立场太天真了，而且令人震惊。她后来对曾经持有这种观点进行了痛苦的自我检讨。

1938年夏，德奥合并几个月后，西蒙娜·韦伊第二次去了意大利，她急于在自己预见的大灾难降临之前再看一看那里。这一次，她有父母陪伴——韦伊一家依旧喜欢一起旅行，就像西蒙娜·韦伊小时候那样。在阿索克罗（Ascolo），因为说一个法西斯电影院的服务生是骗子，她被威胁判刑入狱。在维罗纳歌剧院，他们观看威尔第演出的《纳布科》（*Nabucco*）时，墨索里尼的法西斯颂歌《青年赞》（“Giovinezza”）响起，西蒙娜·韦伊和母亲拒绝起立，观众冲他们起哄，高喊“外国人！”，最后他们被迫站了起来。在意大利期间，他们还顺路去了帕多瓦（Padua），看西蒙娜·韦伊喜欢的乔托壁画。（她致信珀斯特纳克：“我啜饮着乔托壁画的琼浆，醉了，完全醉了。”）然后她到法国南部看望哥哥，安德烈和妻子伊芙琳当时正在斯特拉斯堡大学任教，两人在前一年结婚。之后她到瑞士与父母会合，9月回到巴黎，恰好是英国首相张伯伦和法国总理达拉第——后者服从了英国的绥靖政策——签署《慕尼黑协定》之前。《慕尼黑协定》把捷克的苏台德地区割让给了德国。

西蒙娜·韦伊再次签署请愿书，支持张伯伦。可是，尽管爆发战争的直接原因消除了，西蒙娜·韦伊却对当时的政治局势越来越沮丧。那年冬天，她花了大量的时间预测灾难。“一切都表明，战争并没有避免，而是推迟了。”她告诉佩特勒芒。“从前三个世纪，尤其是上世纪继承下来的伟大企盼，”她在那年冬天发表的一篇文章里写道，“知识渐进传播的希望、总体幸福的希望、民主的希望、和平的希望，一切迅速分崩离析。”[12]

很快，令人震惊的真相揭晓的时刻来临，连西蒙娜·韦伊都不得不放弃自己的和平主义。1939年3月，希特勒违反六个月前签订的《慕尼黑协定》，派兵进驻布拉格。只有这么重大的事件才使西蒙娜·韦伊相信，在德国入侵面前，已经不能再选择和平主义。她终于意识到，法国一旦被奴役，就有可能受军事政权的管制，会"被迫参加其征服者的战争"。她一边担心这样一场胜利的可怕代价——"欧洲的完全毁灭"，一边勇敢地面对事实——各民主国家的目标只能是完全消灭德国。西蒙娜·韦伊1939年春的致歉并未承认自己原来的和平主义立场是错的；她只是承认和平主义已不再适用。但是，那几个月里，她的文章都带有《压迫与自由》中言辞最激烈的段落里那种幻灭感，在那篇文章里，她曾经对工人运动表示心灰意冷。

这一系列的醒悟好像加剧了西蒙娜·韦伊健康状况的恶化。1939年5月，她患了胸膜炎，因康复得太慢，她接受建议，到一家瑞士疗养院去继续休养。她7月赴瑞士，带了两箱书，决定再离开巴黎六个月以便有更多时间写作。她的父母当然决定要跟着去，他们8月在日内瓦见面。日内瓦博物馆当时正在展出西班牙内战之初从普拉多（Prado）博物馆转移出来的珍宝。她每天都去那些画廊，在自己喜欢的委拉斯凯兹和戈雅的画作前流连数小时。后来她和父母又去了尼斯，想在那里过冬。但是，9 月 3 日，希特勒入侵波兰两天后，第二次世界大战爆发，潇洒漫游的韦伊一家回到巴黎。随后几年，他们的生活环境将完全由战争决定。

Exile

三 他乡

西蒙娜在纽约（1942）

困难重重

韦伊一家回到处处洋溢着欢乐气氛的巴黎，回到处处充盈着对法国力量幻想的法国社会。人们盲目相信法国军队无坚不摧；对马奇诺防线的效力抱着无限希望；夜总会蓬勃发展；伟大的时装设计师——浪凡（Lanvin）、香奈儿、皮盖（Piguet）——继续创造着令人梦寐以求的时装精品。那段时间，大家都跟着一首叫《兰贝斯走步舞》（“The Lambeth Walk”）的英国曲子载歌载舞。还有一首歌曲的第一句是“我们要把衣服晾到齐格弗里德防线（Siegfried line）[①]去”。每个公民都配备了一个防毒面具，装在一个小小的灰色滤毒罐里，每当警报响起，宣布空袭演练开始，大家就带着罐子跑到一个安排好的地下防空洞去。

然而，那一年整个秋天，西蒙娜·韦伊都处在一种绝望状态。她的极度痛苦好像部分归因于对自己从前和平主义妄想的悲叹。但最令她痛苦自责的还是自己日常生活的舒适安全。她对于自己没有积极参战、没有置身于那些男性同胞的危险处境而深感愧疚。回到巴黎后不久，就是在这种心态下，她想到要把部队和武器空降到

① 纳粹德国的西部防线，在1944年和1945年西北欧洲的残酷战斗中起了关键作用。

捷克，去帮助那里的人们起来对抗德国人。为了强调自己坚持参战的决心，她向好几位政要递交了自己的计划，甚至威胁说不让去就让公交车轧死自己。西蒙娜·韦伊的另一项乌托邦计划是组织一群前线护士——特别选拔的几支妇女小分队，“这些妇女既要温柔又要有冷酷的决断力”，她们要在战斗过程中治疗伤员。之所以有这个想法，是因为她感觉很多战场上牺牲的人如果早点儿得到救治就能活下来。她还强调，这些女志愿者必须做好牺牲的准备，她们在行动时要清楚群体中多数人会牺牲，当然，她是第一个希望把自己的生命置于危险中的人。这个“前线护士”的建议特别荒唐，从条件上看，更适合第一次世界大战，而不适合第二次世界大战。这一提议也像西蒙娜·韦伊多数其他计划一样，太理想化——她甚至觉得这实际上会使法国士兵更勇敢地战斗，士兵在看到“他们正在保卫的炉灶前的女性身影活生生地出现在面前”时，战斗热情会更加高涨。

祖国的状况使西蒙娜·韦伊忧心如焚，而家里还有使她忧虑的直接原因——哥哥的婚姻和哥哥因反战而拒绝服兵役的事。安德烈的婚姻没有得到父母的首肯。他爱上的伊芙琳是一位同事的妻子，1937年，伊芙琳与丈夫离婚嫁给了他。韦伊夫人一直希望与儿子联姻的是杰出的法国犹太人家庭，她刚刚得知安德烈选择了一位离婚的非犹太人时很生气，甚至不让儿媳到她家里来。而安德烈因反战而拒服兵役产生的危机又加剧了这种家庭关系的紧张。早在几年前，安德烈就因为读了《薄伽梵歌》（the Bhagavad Gita）①而确立了自己的反战立场。战争开始时，他正在芬兰。他被法国政府派去执行一项科学任务，因为觉得那里安全，可以避免被征入伍，于是就和妻子在那儿住下了。（当时，法国对因反战而拒服兵役者还没有什么规定。）但是，1939年11月俄军袭击芬兰，那里也不安全了。而荒唐的是，因为芬兰军警在安德烈的书桌里发现了他与俄国同事的通信，借此怀疑他是间谍，把他驱逐出芬兰，遣送到了瑞典。他在瑞典被扣押了几个月。1940年春，他最终被遣返回国，而一回到法国就被起诉拒服兵役，被判刑五年。

安德烈的家人经常到鲁昂（Rouen）的监狱里去看他。兄妹俩就在鲁昂用古希腊语辩论有关尼采的问题（安德

① 《薄伽梵歌》是印度教的重要经典与古印度瑜伽典籍，为古代印度的哲学教训诗，收在印度史诗《摩诃婆罗多》中。“薄伽梵歌”的字面意思是“主之歌”或“神之歌”。

烈崇拜尼采，而西蒙娜讨厌他）。西蒙娜·韦伊非常生哥哥的气，取笑他比自己早进监狱，还说为了也被关进监狱，她想给审判哥哥的某个法官一耳光。直到1940年6月停火协议签署，韦伊一家对安德烈的担心才有所缓解。1940年冬，安德烈获减刑，辗转到了维希法国的安全地带，然后去了南美，1941年抵达美国，比父母和妹妹早一年。在哥哥服刑的艰难日子里，西蒙娜·韦伊一直很自责，认为哥哥拒服兵役肯定是因为自己鼓舞了他不屈不挠的反战立场。而具有讽刺意味的是，她哥哥的立场与她毫无关系：她自己的反战立场比安德烈晚十年才确立，而且两人反战的缘起完全不同。西蒙娜·韦伊直到1940年才开始读《薄伽梵歌》，当时已是战争的第二年了。不过，在那年她研习的无数宗教典籍中，这是对她影响最大的一部作品，使她对和平主义的态度、自己在战争期间要履行什么责任的观点发生了根本性转变。

正如西蒙娜·韦伊和安德烈到“二战”开始时已逐步理解的那样，和平主义问题远比犹太教与基督教共同的诫命“你们不应杀戮”复杂得多。比如，《薄伽梵歌》里，激发安德烈拒绝在“二战”时上战场的是关于英雄的战士阿朱那（Arjuna）①的一个片段。阿朱那在一场特别血腥的战斗开始时"满怀深切的同情"奔赴战场，却中途停下战车，怀疑自己是否有勇气去战斗。就在阿朱那犹豫不决之时，克利须那神（Krishna）②发给他一道命令："你必须坚持战斗。"克利须那解释说，每个人依据自己的种姓，身上都带着自己的"法"（dharma），即义务；阿朱那属于战士阶层，所以他的特别"法"是上战场，而如果他能自觉去战斗，他就仍然是纯洁的。"每个人唯一正确的选择是尽其所能确定自己的'法'，他个人的'法'。"安德烈在多年后出版的自传里谈到自己的反战立场："高更的'法'是绘画。我的……是投身于数学。让我不研究数学才是罪过。"[1]

正是《薄伽梵歌》的这个主题——"法"的概念——好像影响了西蒙娜·韦伊，尽管她的阅读使她得到了与哥哥完全不同的结果。在西蒙娜·韦伊看来，在面临可能被纳粹主义摧毁的历史时刻，法国的集体"法"是通

---

① 阿朱那，《摩诃婆罗多》中的主角，般度族五兄弟之一，是印度神话和神学里的中心人物。

② 克利须那神，最有名望的印度神，其生活史在《摩诃婆罗多》中有所记述。

过武装斗争保护自己；而她自己的个人“法”是为这种武装事业提供最大的支持。第二年，西蒙娜·韦伊继续对克利须那教义的很多方面进行深入思考。她对《薄伽梵歌》的赞赏并未使她远离基督教，反而使她离基督更近了。从此以后，每当与朋友谈论宗教时（这是她始终带着羞涩谈论的话题，她不想暴露自己灵修的深度），她都经常使用克利须那的名字，而不用“上帝”或“基督”这样的字眼。

为了更好地解释自己所处时代的悲剧，西蒙娜·韦伊觉得有必要重新思考西方文明的三个主要源头，战争第一年，她还研究了希腊、罗马和犹太文化。在那段日子里，她在一篇题为“对希特勒主义起源的反思”（Reflections on the Origins of Hitlerism）的重要文章中称，第二次世界大战产生的原因并不是许多法国公民所声称的德国人的内在侵略性，而是高度集权的现代国家本质，这种本质自动产生控制欲冲动。她把纳粹国家与罗马帝国进行了广泛比较，认为罗马帝国是“一个完全基于权力的体制，凡权力所及之处无不腐败”，罗马帝国追求的是“摒弃了所有道德谴责的威望政治”。她引证了无数罗马人犯下的暴行——公元前210年的迦太基大屠杀，恺撒本人对杀死四万高卢人的描述，认为两个帝国的领导者都“很喜欢那种不屈不挠、不可动摇、不可理解的集体自我满足感，这种满足感使完全不受良心干扰的犯罪成为可能”。西蒙娜·韦伊在《对希特勒主义起源的反思》中对罗马帝国的论述远远多于对当代德国的论述，她到文章中间才开始提到后者。文章对从路易十四到拿破仑时期的法国政府的独裁主义和侵略性质进行了极其严厉的批评，以至于通过杂志《新报告》发表以后，政府审查员对其一半内容都进行了正式讨论，理由是，战争条件下禁止对祖国进行如此攻击。

西蒙娜·韦伊有关希特勒主义起源的文章是她对罗马文化的厌恶和对希腊文明的激赏的第一次完全表述，是浪漫主义运动以来法国进步左倾人士共同的倾向（而像“法兰西行动”这样的右翼团体则诋毁希腊，崇拜罗马）。这可能还是她第一次在作品中直接指责犹太传统，她经常把犹太传统与罗马传统进行比较。“……不幸的是，基督教中的犹太传统遗留下来的经文经常表达出一种残忍、一种控制欲、一种对被征服者的非人蔑视……以及一种对权力的尊崇，这与罗马精神特别一致。”[2]

战争第一年中，西蒙娜·韦伊最重要的文章——最有名也最具争议的作品之一——是《权力诗篇〈伊利亚特〉》（"The *Iliad*, or the Poem of Force"），这是对历史上的权力运作进行的值得注意的深入思考。作为她生前发表的唯一一篇政治性和社会性不那么明显的文章，其开篇第一句是："真正的英雄、真正的主题、《伊利亚特》的核心，是力量。"文章指出，史诗没有强调英雄主义，而是描述了要么因醉心于自己的权力而被毁，要么因被他人的权力残酷压制而被毁的人类。西蒙娜·韦伊欣然忽视了骁勇善战的荷马式主题是对民族文化身份的确认，而始终不停地努力把自己的主题讲得透彻明白：因为他们"极大超越了自己的力量……因为他们不知道力量的局限"，所有对他人用权的人不可避免地自我毁灭。暴力，总体而言，对那些施暴者和被施暴者，如果不是致命的，也是使双方都蒙羞的。她指出，《伊利亚特》中真正的苦难、正义和美，正是这种报应——权力者走向自我毁灭——的内在冲动，这是"精确的几何法则"。

写作《权力诗篇〈伊利亚特〉》时，西蒙娜·韦伊在最亲近的人还不知情的情况下正日益倾心于基督教。文章指出了荷马诗篇与基督教福音书之间的许多共同点。她写道："对激情的描述显示，与肉体结合的神圣之灵被苦难改变，在痛苦和死亡面前颤抖，在极度痛苦中感觉自己与人类和上帝分离……这种感觉同样构成了阿提卡悲剧（Attic tragedy）[①]和《伊利亚特》的伟大价值。”她反复把希腊与基督教的英雄主义、慈悲的价值观与希伯来和罗马传统的愚蠢的高傲相对照，后者鼓励残忍，因为“二者都相信自己被免除了人类的一般痛苦，罗马人是命运选择的世界统治者，希伯来人是上帝的选民”。

有关西蒙娜·韦伊反犹主义的文章很多，但经常被人忽视的是，在阅读《旧约》方面，她比任何在基督教传统中长大的人都更像一个外人。回想她父母的不可知论观点，以及他们对多数灵性问题的漠视，她对与犹太教和基督教二者都相关的文字几乎没有接触。在论述《伊利亚特》的那篇文章中，西蒙娜·韦伊谴责了犹太教对神性盲目崇拜的严重物质主义观点。从两方面看，这是“一个肉身的集体神”：犹太教赋予神的是权力，而不是善良，它使犹太人视自己为上帝的选民，这是很排外的宗派主义观点，与真正宗教信仰的普遍性完全对立。“一

---

① 雅典所处的地理位置叫“阿提卡”，因而雅典悲剧又称“阿提卡悲剧”，是融合了酒神狄奥尼索斯和日神阿波罗两种精神的艺术品。公元前5世纪是阿提卡悲剧的鼎盛时期。

切都具有腐败和残暴的性质”是她对《旧约》的严厉斥责，“……从亚伯拉罕开始，一直到他所有的后代子孙(某些先知除外：丹尼尔，以赛亚)”[3]。

上面这些语句表明，西蒙娜·韦伊并非认为犹太传统一无是处；她发现从放逐期①以后，有很多东西可以弥补——不仅有以赛亚和丹尼尔，还有约伯、所罗门之歌以及一些赞美诗。但她把犹太教中所有她喜欢的因素都追溯到外来影响，比如，她赞美那些犹太先知吸收了迦勒底（Chaldean）思想。她的综合评判很冷酷：“我从来就无法理解一个理性的人如何能把《圣经》中的耶和华与福音书中人们祈求的天父视为同一个神。《旧约》和罗马帝国，其传统被教皇制度所承袭，产生的影响在我看来是基督教腐败的两个基本来源。”[4] 总之，西蒙娜·韦伊拒绝接受基督教尼西亚信经（Nicene Creed）中的核心信条：上帝通过先知对人类讲话。

西蒙娜·韦伊像拒绝罗马绝对权威一样拒绝犹太教，

---

① 放逐期：公元前539年以后的犹太历史时期，此前大量犹太人被掳往巴比伦，遭到囚禁。公元前538年，波斯居鲁士大帝征服巴比伦，准许犹太人返回巴勒斯坦。一些犹太人选择留在巴比伦，是为海外犹太人之始。

正是这一点使她永远也不可能成为天主教会的真正成员。事实上，在这个关键问题上，她偏离基督教教义太远了，以至于有几位神父很快就给她的观点贴上异教邪说的标签。读到她对犹太教的一通炮轰，人们很是惊奇：这样一位绝顶聪明的女士怎么就没有意识到，她思想和个性中最与众不同的地方与犹太传统有着深厚的亲缘关系？她好争论；偏爱犹太法典中那种吹毛求疵的判断；言辞有极度夸张的倾向；坚决强调对上帝意志的绝对服从；在祖国受威胁时她自始至终表现出那种悲观论调，如同负轭的耶利米（Jeremiah）[①]；她灰色的装扮以及苦行者般的自虐。

西蒙娜·韦伊对《旧约》的曲解表现出典型的极其爱国、被高度同化的法国犹太人对犹太教的无知。这位精神上的自由职业者在过去几年里形成的奇异的上帝概念也扭曲了她对《旧约》的理解，因为在索莱姆发生的事把所谓的她基督徒般的体验具体化了。西蒙娜·韦伊完全可以被视为第一位后现代主义神学家：她从西方文明

---

① 负轭的耶利米，源出《圣经》。在以色列人遭遇侵略、欺凌时，耶利米扮演成一个负轭的牲口，吸引大家注意，告诉他们以色列遭受的一切都是他们自己的罪带来的，也是上帝所允许的，上帝要耶利米负轭是指要以色列整个国家都负轭。

的废墟（差不多是她1940年看待世界的样子）中找寻多个源头，常常把各种迥异的文化碎片以惊人的方式拼接到一起。就像她的哲学观天长日久融入了各种各样哲学家的观点——柏拉图、笛卡儿、斯宾诺莎、帕斯卡、康德，她特别的神学观也不可能只追溯至某一个来源。

一方面，西蒙娜·韦伊的宗教观深受帕斯卡影响，上帝之遥不可及或者说缺席给帕斯卡的广远的疏离感，也贯穿在西蒙娜·韦伊的作品中。而她对创世之谜和邪恶起源的看法，主要是受了诺斯替教（Gnosticism）的影响，该教认为《旧约》中原始的复仇神与基督教中仁慈的新上帝有着天壤之别，坚信应该把基督教中的所有犹太遗迹清除干净。实际上，西蒙娜·韦伊的创世思想在她去世后出版的著作《等待上帝》（*Waiting for God*）中有一段描述，特别反映了公元2世纪诺斯替教派的异教徒马吉安（Marcion）的思想："对上帝而言，创世不是一种自我扩展行为，而是一种克制与放弃行为。上帝与他所有造物之和不及上帝的单独存在。"[5]很显然，这与《创世记》中对宇宙起始的描述大相径庭。《创世记》是犹太-基督传统的摇篮，教导世人创世是好的，所有物质都是上帝临在的表现。此外，西蒙娜·韦伊把创世看成一种放弃、一种上帝缺席的表现，揭示出她思想中犹太传统的一面：她的创世观与某些犹太神秘哲学作品中表达的观点出奇地相似，尤其是12世纪的《光明篇》(*Zohar*)，视创世为上帝的退出行为，上帝退隐，为世界腾出空间。和西蒙娜·韦伊一样，那些犹太神秘哲学学者把“创世即退出”视为上帝神圣之爱的最佳表现。

的确，就像这位特别的犹太学者在面临可能要改变信仰时，又重温了一遍最早期基督徒演绎的历史：他们要么像门徒保罗和一千九百年后的修女、大屠杀的受害者埃迪特·施泰因（Edith Stein）那样，一定要看到新旧信仰之间的连续性；要么断然抛弃父辈的宗教，转向诺斯替教。西蒙娜·韦伊选择了后者，而她对犹太教传统近乎歇斯底里的反感似乎是这一严重历史危机在个人身上的体现，而鉴于犹太传统对她工作的影响，这种反感越发具有讽刺意味。很有可能是她令人难以理解的自我厌恶被投射到了自己的民族身上，从而影响了她的态度。也有可能是她受了导师阿兰的影响，阿兰对“总在大屠杀的这位《圣经》中的上帝”怀着极严厉的批评态度。还有可能是受到她父亲的鼓励，韦伊医生曾对自己非常严格的正统犹太家教表示强烈反对。但所有这些推测都难以成为她在这个问题上执迷不悟的理由。她关于《旧约》的很多观点，比如她说《创世记》前几章源于埃及，都非常荒唐。她对《圣经》的整个态度反映出她倾向于对历史进行推测性重构，同时也反映了她解释历史时危险的主观态度。(她哥哥曾对她的一个特别牵强的判断提出质疑，认为“毫无根据”，她回答：“根据的是美的事物，如果是美的，肯定就是真的。”[6])

战争中断了韦伊一家的旅行，他们度过了一个令人日益焦虑却平静无事的冬天。只有一次破坏家庭和谐的严肃争论值得一提。西蒙娜·韦伊非常同情那些被希特勒变成狂热分子的德国青年，她有一次在餐桌前大声提出一个问题：如果一名德国青年伞兵降落到她家公寓的台阶上，他们怎么办？她问父母会怎么办，爱国的韦伊医生毫不犹豫地回答，他会把德国青年交给法国警察。西蒙娜·韦伊变得非常激动，声称她不可能和有这种意图的人坐在一张桌子旁吃饭。家人开始以为她在开玩笑，可是她真的很坚决地放下刀叉，不吃了。战争开始以来，她吃的东西比过去又少了，为了让她把饭吃完，韦伊医生只好保证不会把德国青年交到警察那里。(这是西蒙娜·韦伊的父母直接讲述的为数不多的几次涉及她饮食不调的逸事之一，突出了很多厌食症患者特有的操控特点和情感勒索倾向。）

1940年5月的第二周，德国经过强化训练的部队向同盟国发动闪电袭击，迅速占领荷兰和比利时。接下来的十天里，德国装甲师横扫法国北部，到达英吉利海峡，迫使英国远征军在敦刻尔克撤退。军工企业最近的多次罢工削弱了法国的军备，而多数国家的物资又都集中到马其顿防线陈旧的混凝土工事上去了，所以法国被打了个措手不及。法军还是基于第一次世界大战的战术打战壕战。而最高指挥部的无能又使法军雪上加霜。法军的最高指挥，按安德烈·莫洛亚的话说，是“以行政挂职名义被召回的慈祥的退休老人”[7]。部队继续以惊人的速度撤退。到5月底，逃离比利时和佛兰德斯的难民大潮已经妨碍了多数盟军的军事演习。韦伊一家从公寓窗口开始注意到成千上万的巴黎人正逃往南方。韦伊夫妇想立即加入逃离的队伍。可是，西蒙娜·韦伊还是怀着法国坚不可摧的幻想，希望巴黎能够抵挡德国人的进攻，她说服父母留了下来。

因为西蒙娜·韦伊直到1940年最后几个月才恢复写

日记，所以韦伊一家在混乱中离开巴黎的经过只能来自韦伊夫人可能有些夸张的绘声绘色的描述。当时的情形大致是这样：

到6月13日，德国人已经兵临巴黎城下。那天下午韦伊一家正在外面买东西，突然看到一张告示，说巴黎已经无人防守。韦伊夫妇终于说服西蒙娜·韦伊马上离开。三人甚至都没回家取衣物就直奔里昂火车站。国民警卫队队员已经包围了火车站，禁止任何人进入。韦伊夫人似乎是通过说明韦伊医生负责医疗护卫队才说服了他们。一名职员同意让医生进，而韦伊医生又反过来说没有妻女陪着他不能离开，于是说服那位职员让三人都进去了。他们赶上了巴黎开往南方的最后一趟火车，三人好不容易才挤上最后一节早已人满为患的车厢。幸运的是，他们随身带了一些钱。韦伊医生已有预见，早在几天前，无论何时出门，他都往兜里装上一笔数目可观的现金。第二天,6月14日，德国人进入巴黎。从那时起，犹太人要想离开首都就越来越难了。

显然，如果只有西蒙娜·韦伊自己，她会选择留在巴黎，并马上加入某个早期的抵抗组织。但是，在过去几个月，她已经看清了这个德国政权，如果继续留在纳粹占领区，她的父母会面临危险。她同意上火车唯一的目的就是把父母送到安全地带。但是，她对离开巴黎感到极其痛苦，所以那段时间并不是她最清醒的时候。他们上车刚半小时，火车才到巴黎郊区的蒙特罗（Montereau），西蒙娜·韦伊就宣布他们应该下车。她肯定法国军队会在巴黎郊区重整旗鼓。韦伊夫人反驳说，如果有新防线形成，毫无疑问也应该在卢瓦尔（Loire）河地区。她说服西蒙娜·韦伊坐到纳韦尔（Nevers），离巴黎三个小时。在纳韦尔，他们意外遇到了鲍里斯·苏瓦林和奥古斯特·德特夫，奥古斯特是西蒙娜·韦伊在阿尔斯通工厂的前老板，他安排韦伊一家住到一个磨坊主废弃的房子里。6月15日，他们在纳韦尔的第二天，朋友们就警告说德国人很快就会到，主动提出借钱给他们以备不时之需。西蒙娜·韦伊还是辩称纳韦尔会被防守得很好，德国人很快就得掉头回去。但是那天夜里纳韦尔就被占领了。

第二天早晨，西蒙娜·韦伊和父母眼睁睁看着德国装甲师从大街上开过去。没有报纸，而且德国占领军随即发布一项法律，严禁法国公民收听广播。四处都是法国全境已被占领的谣言。就在法国“陷落”的那一周，在纳韦尔那座磨坊主的房子里，西蒙娜·韦伊开始了在地板上睡觉的习惯，在她生命的最后三年里，她坚持把这项苦修强加给自己。“从现在开始，我们很有可能不会有机会再睡到任何一张床上了。”这是她为拒绝睡到床上给父母的解释。不过很显然，她剥夺自己享受这种基本的舒适条件，是要和那些为祖国而战的士兵保持一致，和成千上万遍布法国的难民保持一致，那些难民的避难所甚至还不如她这里。同时，这也显示出她自少女时代以来就表现出的自我牺牲冲动，这种冲动在之后的战争岁月里极为强烈，令人担忧。

德军占领纳韦尔之后的几天里，根据韦伊夫人的描述，一家人继续逃难，他们对法国全境很快将处于纳粹统治之下的前景感到绝望，开始向北沿着高速公路步行回巴黎。可就在离开纳韦尔的途中，他们遇到了住在附近的西蒙娜·韦伊原来的一名学生。“你有收音机吗？”西蒙娜·韦伊问她。这位年轻女士说有，但害怕听收音机违反德军禁令。不过，她让西蒙娜·韦伊到她家里去，自己打开收音机。几分钟后，西蒙娜·韦伊回来了，她大声嚷嚷着：“法国还没有被完全占领！”于是，全家决定掉头向南，朝未占领区走。他们买了几个篮子挎着，想看起来更像农民（听着韦伊夫人悲喜交加的描述，你会对这家人在政治问题上的幼稚感到震惊），然后开始朝南走。刚走了几英里，快到一个小村庄时，一个本地人开着一辆卡车停到他们身边，问他们是否需要搭车到南方去。这是一个汽车修理厂老板，付点儿钱他们就可以搭他的车。韦伊一家非常愉快地同意第二天在一个咖啡馆与他见面。村子里到处都是德国人。他们也不知道到哪儿去过夜，最后睡在了咖啡馆的长椅上，这对西蒙娜·韦伊并不是什么新鲜事了。早晨，迟到了几小时后，卡车司机来接上他们，把他们带到了维希。

6月第三周刚开始，当时韦伊一家还在纳韦尔，主张如有必要就在北非继续战斗的主战派总理保罗·雷诺（Paul Reynaud）辞职。此前他曾很快输给了“一战”中凡尔登（Verdun）战役的英雄菲利普·贝当（Philippe Pétain）元帅。贝当被任命为新总理，6月18日，他宣布法国投降。几天后，他与德国签署停战协定，把法国分为两个区——德国控制的占领区和自由区（或非占领区，即维希法国）。就在7月初，正值贝当在维希建立他的新政府之时，韦伊一家到了那里，维希成为新自由区首都。到维希后的几天里，西蒙娜·韦伊遇到了很多巴黎的熟人。停战协定使她愤怒至极，简直要疯了。她和人激烈地辩论，表现出的愤怒的夸张程度把她的很多朋友都吓坏了。她充满激情地相信，法国国会根本就不应该签署这份休战协定，法国应该继续战斗。戴高乐于6月18日从伦敦发出战斗呼吁，西蒙娜·韦伊一听到他的号召，马上决心去找他。但是很显然，没有人能从维希法国去英国——要去英国，只能克服重重困难绕道里斯本或法属北非才行。而到里斯本需要葡萄牙签证，到北非需要维希政府的“内部”签证。在维希待了两个月后，韦伊一家朝着图卢兹（Toulouse）进发了，希望在几周之内抵达葡萄牙。到了图卢兹他们才意识到，要得到葡萄牙或北非的签证比他们预想的要困难得多。在图卢兹停留两周后，他们继续赶往马赛，在那里，他们又要耽搁一年半。

被法国人称为“大逃亡”的逃离占领区的经历充满艰难困苦，却没有降低西蒙娜·韦伊知识分子生活的强度。8月6日，她从维希写信给佩特勒芒：“告诉我你现在在做什么……我快把巴比伦语都忘光了！”[8]同样在那几周，她还给巴黎的朋友们写信，请他们到她家公寓去，把她的一些重要手稿寄过来。韦伊家的女佣后来搬进了公寓，为的是房子不要被德军征用。她的手稿中最重要的是《压迫与自由》，她认为这篇稿子“与今天关系很大”。在逃离巴黎的过程中，很有可能是在纳韦尔，她开始写一部剧作《威尼斯得救了》（*Venice Is Saved*），该剧在她到达马赛后不久完成。另外，很有可能在图卢兹，她开始为一篇关于清洁派教徒（Cathars，也叫阿尔比教派）的长文做笔记。清洁派是中世纪的异端教派，在13世纪遭到法国数位国王和教皇十字军的残酷镇压。西蒙娜·韦伊对这些教徒一直抱着强烈的同情。

西蒙娜·韦伊把这个集中在图卢兹朗格多克（Languedoc）的消失文明看作当前正在遭受威胁的西方人文价值观的摇篮。当年的图卢兹是继罗马和威尼斯之后的第三个最重要的西欧城市。这些阿尔比教徒，12世纪行吟文化的创造者，曾经创造了一个小城邦网络，里面混合了君主制、民主制和非集权化，被西蒙娜·韦伊视为公民道德的典范和中世纪“唯一真正的基督教文明”。他们的宗教，尽管从基督教中汲取了某些因素，其灵感还是源于某种意义上相互对立的两种思想——新柏拉图主义思想和摩尼教思想（Manichaeism）。他们认为这个被创造的世界是邪恶的，相信有来世，认为肉体是灵性完善的障碍。（阿尔比教徒还认为，最神圣的死亡方式是饿死，这是西蒙娜·韦伊肯定会注意到的细节。）这种文化的宽容与通达使它能够与正统的天主教徒和谐共处。在西蒙娜·韦伊看来，这种文化理解权力的真正意义，因为它“意识到（权力）几乎是世界上绝对至高无上的，但它却以厌恶和鄙视的态度拒绝了”[9]。总之，她把阿尔比文化视为“古罗马以前欧洲最后的活的见证”。而与《旧约》的极不相容也使这种文化对西蒙娜·韦伊别具吸引力。

在马赛逗留期间，西蒙娜·韦伊将完成两篇关于阿尔比教徒的论文。她对《伊利亚特》的探讨曾经弥漫着第二次世界大战爆发带来的悲哀；而在《挣扎的文明》（“The Agony of a Civilization”）一文中，西蒙娜·韦伊以相似的方式，把阿尔比教徒被罗马教廷打败看成是1940年法国命运的预兆（这种平行对比可能看似古怪、遥远）。12世纪的朗格多克复兴，在她看来，比三个世纪后蓬勃兴起的假造的对外宣传的“复兴”前景广阔得多，特别是在法国，它标志着中央集权制单一民族国家的出现。在她的另一个想象重构中（正如一位巴黎高师教授曾抱怨的那样，“这位年轻女士感觉自己是超越历史的”），西蒙娜·韦伊把阿尔比文化的溃败视为罗马和以色列精神的胜利。就像伟大的希腊文化曾确定无疑地被罗马文明摧毁，“给地中海盆地带来荒芜”，她认为，阿尔比教徒精神上的反传统，要是在罗马教廷的猛攻之下幸存下来，经过一定的时间，可能会“在创新程度上达到古希腊的高度”。

这就是西蒙娜·韦伊在1940年9月中旬从图卢兹到马赛的奔波过程中阐述的一些思想。韦伊一家到达马赛时，他们还是以为几个月内就能得到去美国的签证，却等了超过一年半。

马赛

韦伊一家到达马赛几周后，维希政府就出台了禁止公立学校雇用犹太人的法令。西蒙娜·韦伊给教育部写了一封愤怒嘲讽的信作为回应。

“我不知道犹太人这个词的定义，这个科目从未出现在我的专业课程里”，那封信这样开始：

> 这个词特指某种宗教吗？我从未进过犹太会堂，也从未目睹犹太宗教仪式……这个词特指某个种族吗？我没有任何理由认为自己不论是通过我父亲还是通过我母亲，与两千年前生活在巴勒斯坦的人民有任何关系。我是通过阅读 17 世纪的法国作家，拉辛和帕斯卡这样的作家，学会读书的，如果有哪个宗教传统我视之为遗产，那就是天主教传统。我认同基督教传统、法国传统、古希腊传统，但不认同希伯来传统……尽管如此，如果法律要求我把“犹太人”这一术语，尽管我不知道它的含义，视为适用于我个人的名号，我会像遵守任何其他法律一样服从这一法律。[1]

这封信没有得到答复。但是，鉴于西蒙娜·韦伊对自己的犹太性深感不安，有必要对这封信评论一下。非常令人吃惊的是，这封信没有谈到她对将要剥夺成千上万的犹太同胞工作权利的种族歧视法令有何反对意见。确切地说，这封信发泄了她的愤怒——因被某种集体认同原则规定而产生的愤怒。这里的悖论是，她对自己犹太性的愤怒否认恰是她唯一一次承认了自己的出身，而这种承认只是为了对其进行斥责和批评。精神分析学家安娜·弗洛伊德（Anna Freud）在一篇研究这封信的文章中强调了西蒙娜·韦伊的自我牺牲冲动，安娜的论断实在是太友好了，她认为西蒙娜·韦伊对犹太教的深度疏离是因为她自己主动要处于危险中[2]。不过，西蒙娜·韦伊的否认可以被视为法国学者、集中营的幸存者让·埃默里（Jean Améry）所谓“灾难犹太主义”（catastrophe Judaism）[3]的例证。“灾难犹太主义”指那些从前漠视自己的传统、不做礼拜、高度融入本地文化的大批犹太人因为纳粹崛起而被迫面对自己犹太性的体验（这样的人在法国特别多）。而西蒙娜·韦伊令人同情的特殊形式的“灾难犹太主义”与柏格森、埃迪特·施泰因或安妮·弗兰克（Anne Frank）的不同，这些人对这种社会身份强化的反应是与其他犹太同胞更加团结一致，而西蒙娜·韦伊发泄着对自己犹太身份的厌恶，她始终是愤怒的、孤独的。她与柏格森尤其不同，柏格森拒绝皈依是因为他忠诚于那个正在遭受空前迫害的民族，而西蒙娜·韦伊拒绝洗礼是因为她觉得天主教会信奉《旧约》，过于犹太化。面对纳粹种族主义越来越大的威胁，她还是继续抗拒对这个与生俱来却又深恶痛绝的传统的认同。

从1940年夏开始，马赛一直是成千上万的难民设法离开法国的通道。到达马赛几周后，韦伊一家终于接受了眼前的现实，知道获得赴美签证需要漫长的时间，他们在加泰罗尼亚街一套宽敞的七层公寓里安顿下来。公寓离旧港很近，可以看到美丽的海景。因为担心西蒙娜·韦伊可能会拒绝和他们住在一起，韦伊医生和夫人小心翼翼地向她隐瞒了租赁价格。只用了几周时间，她就很习惯住在马赛了，因为就在占领区与非占领区之间的边界关闭之前，韦伊一家已经请人把巴黎公寓里的家当装了几大箱送过来，里面有他们最有价值的书籍和西蒙娜·韦伊的大量手稿。她开始安心工作。很快，她就成了《南方杂志》（*Cahiers du Sud*）办公室里的常客。《南方杂志》是由剧作家兼电影制作人马塞尔·帕尼奥尔

（Marcel Pagnol）在20世纪30年代创办的出版物，巴黎沦陷后成为维希法国最重要的期刊，其俯瞰旧港的狭小编辑部是马赛的文化生活中心。《南方杂志》的一位撰稿人，诗人让·托特尔（Jean Tortel）这样描述那时的西蒙娜·韦伊：

> 像个没有身体的姑娘，一副落落寡合的样子，外面裹着一件长及脚踝的宽大黑色外衣，从来也不脱下来，安静、沉默……那么陌生而又那么专注，既细心观察，又冷漠疏远……乍一看觉得极丑，黑色的大贝雷帽下是一张瘦削而沧桑的脸，乱蓬蓬一头浓发，大衣覆盖的脚踝下露出一双厚重的黑鞋——她会盯着你看……头部和上身都向前倾，眼睛离人很近，因为近视，不论看谁都像刺探，那种目光之强烈与探寻程度我在其他地方从未遇到过……韦伊眼中的热切渴望简直让人难以忍受。在她面前，所有的“谎言”无所遁形……她那具有穿透力和撕裂力量的盯视……会把人牢牢抓住，让人不知所措。[4]

《南方杂志》因其极端自由主义的政治观点经常在维希政府审查员那儿遇到麻烦，但它对西蒙娜·韦伊的事业影响巨大。几位编辑对她作品的热情激励她认真地保持写日记的习惯，自工厂岁月以来，她还没这么认真过。在马赛期间，她记了满满二十本笔记，想用到以后的文章里去，里面有她的每日沉思、她宗教情感的发展、她特别喜欢的文学与哲学段落。（“不信神者的痛苦”是她那几个月里摘录的帕斯卡名言，此外，“上帝的沉默最和谐”也摘自《思想录》。）她的日记（现收藏在法国国家图书馆里）也是节俭的奇迹：她只用巴黎高师的练习簿，外面是米黄色的硬封皮，十一英寸宽，十四英寸长，这些练习簿是政府免费发的，她好像十年前存了好多。

她在马赛安顿下来以后的几个月里，《南方杂志》还发表了她前一年冬天在巴黎写的关于《伊利亚特》的文章、两篇关于阿尔比教徒的文章和一篇探讨法国知识分子在1940年国难当头时的责任这一棘手问题的文章。在她看来，法国作家的确愧对文学与社会，因为他们拒绝探讨人类社会的基本特征，即善与恶的对立。她写道：“20世纪的基本特征是价值理念的式微，或近乎消失。”

> 达达主义与超现实主义是两种极端情况；它们代表的是对绝对自由的迷醉……超现实主义者……已经把完全摒弃价值作为他们的最高价值……像自觉、真诚……丰富这样的词，那种暗示着对价值对比几乎完全冷漠的词，比那些包含善恶参考的词，更频繁地流出他们的笔端……像美德、高贵、荣誉、诚实和慷慨这样的词几乎都不再使用，要么就被赋予了其他意义。

她认为普鲁斯特在这方面特别失职，因为他过分强调心理状态。“20 世纪文学基本是心理学作品，主要描述灵魂状态……没有任何价值判断。”[5]

西蒙娜·韦伊关心的远不止文学，她一到马赛就立刻发现了使她动怒的社会原因。几天之内，她就接触到了马赛下层社会中最贫穷的社会遗弃者——战争爆发时被招募到弹药厂工作的、数以千计的印度支那移民。他们被囚禁在马赛环境恶劣的波麦特（Baumettes）监狱里，几千名工人在工作结束后被锁在漆黑且没有暖气的房间里。作为一名长期以来都在批判法国殖民政策的批评家，西蒙娜·韦伊惊骇不已。她致信驻维希美国大使海军上将威廉·莱希（William D. Leahy）表示抗议。她还把自己的多数食品券送给了这些被囚禁的移民。

西蒙娜·韦伊的营养问题——因同情那些比她条件差的人，她动辄就不吃饭——现在正变得越来越严重。她从来都拒绝去排队领食物，而且说服她父母也永远都不要去，坚称自己永远不会吃以这种方式获得的食物。她对黑市甚至更不屑一顾。除了把自己的大部分食品券送给穷人外，她还减少饮食，用剩余的配给购买食品包裹，给维希政府在本地拘留营区关押的政治嫌疑犯寄去。她在马赛重逢的众多巴黎朋友之一，已成为医生的路易斯·贝尔谢尔（Louis Bercher），是第一个把她的吃饭问题诊断为神经性厌食症典型病例的人。他在韦伊回忆录第一稿（1950）中使用了这个刚刚进入医学文献的术语。他注意到，历史环境——战争——强化了她极端的慈善意识和禁欲主义倾向，极大增加了她不吃饱饭的可能。有某种强烈的爱国主义形式使公民在身体上与自己民族的神秘主义本体保持一致，这也许是法国人独有的表达，其典范人物是法国诗人夏尔·佩吉。贝尔谢尔好像很清楚，西蒙娜·韦伊因形势所迫，在法国日益被侵蚀的同时，让自己的身体被摧毁，她要把祖国的痛苦嵌入自己的血肉。“她从来都吃得不多，但战争爆发前……她从未像现在这样忍饥挨饿”，贝尔谢尔写道，他把西蒙娜·韦伊的厌食症与她“自虐的渴望”和她在地板上睡觉的习惯联系到了一起。要是西蒙娜·韦伊属于某个宗教团体就好了，至少服从准则会强迫她吃饭！[6]贝尔谢尔意味深长地说。他自己的妹妹是加尔默罗会（Carmelite）修女。

贝尔谢尔和佩特勒芒都说西蒙娜·韦伊曾偶尔提出要研究一种科学方法，使人类只靠阳光和某些矿物质获取营养，再也不用吃那些我们所知的“食物”。这种痴想在她的马赛日记里有记录。在日记里，她觉得有可能发现某种使人以光线为食的叶绿素。这个方向的“研究”使她的两位朋友非常担心。如果说贝尔谢尔对西蒙娜·韦伊的神经性厌食症十分理性的诊断，在关于她的早期文献中并没有得到重视，那是因为韦伊医生坚决否认这位年轻同行的诊断，在战后岁月里，他坚持要核实有关女儿发表的所有作品，要求贝尔谢尔把他回忆录中那一段删除。韦伊医生显然一直在保护家人，因为任何神经性疾病在当时都是见不得人的。直到韦伊医生去世后，贝尔谢尔才得以在新版回忆录里把自己对西蒙娜·韦伊的厌食症诊断恢复如初。当然，两位医生当时都不知道，西蒙娜·韦伊的情况，就像当代医学文献里对她的描述那样，与一般厌食症妇女毫无差别。

人们也许会认为，这种病人的父母或是离异，或是婚姻出了问题，但情况远非如此，她们都是在非常亲密、和谐的家庭里长大的女儿；她们往往只有一个兄弟姐妹；父母通常是很重视社交能力和学习成绩、对一切都有自己主张的完美主义者；她们往往都是异常勤奋的学生（既然她对各种知识都求之若渴，你可以做一项有意思的研究，看看西蒙娜·韦伊的贪知症如何伴随着她的厌食症）。这些年轻女士普遍感觉自己“一无是处”“一无所成”，对出生于生活条件非常优越的家庭感到不安，经常拒吃食物，而把食物留给穷人。

人们应该还记得，阿西西的圣克莱尔、圣女大德兰和匈牙利的圣伊丽莎白三人传记里都清楚地显示，在女性神秘传统中，进食障碍与其说是例外，不如说是惯例。而且，母亲似乎是造成厌食症的关键家长；病人的一个主要动机是通过褪去多数女性的生育过程特征使自己不同于母体，从而在一般意义上摆脱母亲控制。健康丰满、占有欲强的韦伊夫人，有着使人感到压迫感的盛气凌人的个性，她对食物大惊小怪，对孩子生活的方方面面都要管，也许能被视为典型的厌食症患者母亲；而这些母性特征只可能强化西蒙娜·韦伊儿时忍受的营养创伤的结果。最终，当代研究还强调，神经性厌食症在严重程度上有种种不同，有的非常严重，有的仅是症状接近；要是韦伊医生更长寿一些，这些不固定的诊断参数会使他越来越难以否认西蒙娜·韦伊当时遭受的正是这种疾病的某种形式。

西蒙娜·韦伊与抵抗运动现在怎么样了？她的确在德国占领的前几个月马上加入了当时一个地下组织，而且几次险象环生。1940 年末，让·托特尔把她介绍给一个有告密者渗透的组织，不到儿周，维希警察就来到韦伊家的公寓，把她带到了警察局。考虑到有可能被关进监狱，她带了一个小箱子，里面装了她有关《伊利亚特》那篇文章的手稿，她只要出门都带着这份手稿。拘留和审问有过三次不同的情况。每次，韦伊夫妇都立即跟上女儿和押送警察，在警察局对面一个咖啡馆里候着。审问不可避免地集中在她参与亲英宣传的指控，以及她对英国的普遍同情。在写给朋友的信中——这些信很可能被拦截了，西蒙娜·韦伊清楚地表示，她即将赴美只是把美国当作加入在伦敦的“自由法国”的跳板；她甚至对去英国还有一句暗语：“与多丽丝一起做些普通工作。”第三次审问中，警察因为从她的回答中找不到任何罪证而大发雷霆：“你个小东西，我们要把你跟婊子关到一块儿去！”“我一直都想了解这种环境。”西蒙娜·韦伊冷冷地回答。那次以后，警察就不到韦伊家来了。尽管几个月后她又恢复了抵抗活动，各种地下组织也发展壮大得多了，警察却再也没找过她的麻烦。

西蒙娜·韦伊在马赛巨大的难民群体中有了一个全新的朋友圈。她和自己文科预备班时的熟人多马尔（René Daumal）一起去上梵语课，梵语是她迷上的又一门语言。（“我希望永不停止对这些文字的热爱，它们是神圣的文字，也许从未被用于任何微贱的目的。”）[7] 多马尔把她介绍给兰萨·瓦斯托（Lanza del Vasto），一位杰出的反战主义哲学家、甘地的信徒，他计划建立一个甘地路线组织，这使西蒙娜·韦伊充满热情。西蒙娜·韦伊还和吉尔伯特·卡恩（Gilbert Kahn）一起度过了很多时间，吉尔伯特是个文学批评家，也是阿兰的门徒，后来在使西蒙娜·韦伊的作品为人所知方面起了关键作用。但在马赛结交的所有朋友中，最重要的还是埃莱娜（Hélène）和皮埃尔·奥诺拉（Pierre Honnorat）夫妇，皮埃尔是安德烈·韦伊在巴黎高师的朋友。埃莱娜是虔诚的天主教徒，西蒙娜·韦伊正是通过她认识了贝汉神父，这位多明我会神父将是西蒙娜·韦伊人生中最亲近的两三个朋友之一。

贝汉神父当时三十四岁，几近失明，一副苦修者的清瘦模样，他的家是马赛东部边界地区的多明我会的会所。他所在社区的多数神职人员都有很强的社会责任感，有些人通过到工厂和码头工作参加战后法国的工人－神父运动，贝汉则为难民做了大量工作。他还非常热爱犹太文化，是个很有成就的犹太学者，当时他正忙于促进马赛地区犹太教与基督教之间的对话。西蒙娜·韦伊第一次设法联系他时，他正在非洲宣讲静修。他们最终于1941年在多明我会的会所见面。从那以后，西蒙娜·韦伊每周来看他几次。“她非常为他人着想，”贝汉忆起她的来访，“她过去常在过道里安静地等着，即使有两三个人越过她先来找我也没关系。”

显然，这位好神父很快就震惊于“她对教会和天主教极其肤浅的想法”，不过他当时就把西蒙娜·韦伊看成了无价之宝：在他的修道会里又有多少人能夸耀使一个巴黎高师毕业的女士皈依啊，而且还是一个绝顶聪明的女士？他很快就提出了施洗的想法，但西蒙娜·韦伊随即提出了一大堆反对理由：施洗意味着只能信奉基督教，排斥她在其他伟大宗教传统中发现的真理。而且，她还在设法弄清楚，天主教教义是否允许教会之外的救赎。但贝汉马上就看出来，最大的绊脚石还是西蒙娜·韦伊对犹太教无法消解的敌意。贝汉向她说起自己对犹太文化的热爱，本以为会得到对方的附和，却被她充满敌视的态度震住了。“她所有的反对意见都指向以色列，以色列是她抗拒（教会）的症结所在。”他说。

贝汉对西蒙娜·韦伊堂吉诃德式的信仰问题很感兴趣，介绍她去见另一位神父，雷蒙-利奥波德·布吕克贝热神父（Father Raymond-Leopold Bruckberger），这位神父对西蒙娜·韦伊的记忆以及对她的“战斗攻击性”比起贝汉更负面。“她的谈话充满逻辑论证、讽刺、正面或侧面攻击，对一切解释、反驳、辩护的蔑视……她想知道，我们这个教派的具体使命究竟是‘是’还是‘不是’使知识与天启保持一致。”在布吕克贝热看来，西蒙娜·韦伊，若不是有两点值得称道之处，绝对是个讨厌的人：她以“温顺的崇敬”态度承认，三位一体、道成肉身、耶稣受难和耶稣复活这些关键奥秘不言自明；他亲眼见证了西蒙娜·韦伊对圣餐礼的虔敬之后，在很大程度上改变了对她傲慢态度的最初印象。有一次，他出去办事，几小时后回到教堂，发现西蒙娜·韦伊还跪在圣餐台前，还是他离开时看到她的样子，凝视着她自己拒绝吃的“生命之食”。“带着惊人的专注力一动不动，”他这样描述她，“把自己交出去，暴露在那无形存在者的光芒之中。”[8]

多明我会的神父们很快可以缓一口气，暂时不受西蒙娜·韦伊接二连三的理性攻击了。离开法国的希望依然很渺茫，西蒙娜·韦伊再次对艰苦的体力劳动着迷起来。自从遇到贝汉神父以来，她总是缠着他，请他给自己在普罗旺斯乡村一带找“农场仆人”的工作。贝汉安排她到自己的朋友居斯塔夫·梯蓬（Gustave Thibon）家去，梯蓬住在阿尔代什的圣马尔塞（Saint-Marcel d'Ardèche），在马赛以北一百英里处。居斯塔夫·梯蓬是一位自学成才杰出的右翼天主教哲学家，曾出版过几本神秘主义著作，还是专门研究圣十字若望（Saint John of the Cross）的学者，韦伊的很多传记作家都忽视了他还是贝当元帅的一位主要演讲稿撰写人。经过一番犹豫之后，梯蓬同意带西蒙娜·韦伊到他家里去。西蒙娜·韦伊于8月7日动身去圣马尔塞。

梯蓬将成为西蒙娜·韦伊的个性最重要的记录者。他对西蒙娜·韦伊的最初印象主要是她虚弱的外表。他发现她“由于苦修和疾病过早地驼背了，容貌衰老……在这片美的废墟中，唯有她的眼睛神采非凡……给我的印象是，我在和一个与我所有的思想方式与感受方式……以及代表存在的意义与乐趣的一切迥异的人面对面，”他回忆道，“她是一个对社会生活的要求与传统均不作任何让步的人。”从他们见面的时刻起，西蒙娜·韦伊的“病症”就开始烦扰他了。她拒绝使用在这个不大的房子里为她准备好的卧室，说那里“太舒服”，而且声称要住到户外去。经过一番劝解，她最后终于妥协，同意住到罗纳河岸边一个属于梯蓬亲家的破败不堪的小房子里，离梯蓬家两英里半。她在一个房间的一堆松针上安置了睡袋，在另一个房间里安置了工作台；这种安排令她很高兴。梯蓬注意到，她干起活来“总是那么精力充沛”——五点起来挤牛奶，给牛添饲料，帮助梯蓬的妻子做家务、做饭，但“她一方面笨手笨脚，另一方面又有着美好的愿望，结果美好的愿望总能实现”[9]。她经常和主人们共同进餐，吃东西少得可怜，好像勉强活下去都困难，她节食的理由总是配给紧张。晚上，她跟梯蓬坐到外面，帮助梯蓬学习希腊语，和梯蓬一起读柏拉图《斐多篇》的原文。梯蓬对她的教师天赋赞不绝口："她知道如何设身处地为学生着想……讲课时……那种极端专注的素养，在她的信条里，跟祈祷的情形差不多。"梯蓬回忆她是"一个很有魅力、活泼可爱的伙伴"，幽默感极强，总是神采飞扬，她过人的学识使她的谈话"令人陶醉，经久不忘"。梯蓬和西蒙娜·韦伊也有过争论，特别是关于维希政府和德国浪漫主义，西蒙娜·韦伊对两者表示强烈批判。"她以一种始终不变的音调无休无止地讲，"梯蓬说，"等这些没完没了的讨论结束，我已经疲惫不堪。"[10]梯蓬注意到，不管她多么顽固地坚持己见，她都非常喜欢被人反驳，而且总希望有更多机会来辩论。

西蒙娜·韦伊在梯蓬家度过了从未有过的田园诗般的快乐时光，有时独处，有时劳作，偶尔还有知识的分享。她在写给父母的信中说："绝美的风景、清新的空气、休息、休闲、独处、新鲜的水果和蔬菜……唯一的危险是我会迷失在这些感官享受之中。"[11]她在阿尔代什的幸福生活甚至使她向父母建议，如果去不了美国，他们三个就到周边乡村找个地方定居下来。韦伊医生可以行医，他们还可以自己种菜，西蒙娜·韦伊自己则写作兼上课。9月，韦伊夫妇来看她，在村里一个小客栈住了一周。梯蓬发现韦伊夫人傲慢专横、爱管闲事，但他特别喜欢和蔼可亲的韦伊医生讲的那些“暗讽犹太人的笑话”。

至于梯蓬对西蒙娜·韦伊的长期印象，则是她住在那儿最后几周里，他对她的宗教洞察力产生的“崇拜感”，这种洞察力他原来觉得只有伟大的神学家和神秘主义者才具备。然而，在梯蓬精辟的总结中，也含有一些批评意味。梯蓬暗示，西蒙娜·韦伊渴望臣服于上帝，但又缺乏把自己珍视的矛盾交给上帝照管的终极信心（有人可能认为，她需要对自己思维进程的每一步保持控制，这也许跟厌食症患者对自己的身体要保持绝对控制的冲动有关）。而且，梯蓬还注意到，尽管西蒙娜·韦伊竭力超脱，“她却被自己的超脱限制住了”。实际上，她好像并没有意识到，她在完成格外以自我为中心的离群隐遁的使命时，给别人的生活造成了多大的麻烦。“这个想对神圣意志的一举一动都顺从的人，”梯蓬写道，“受不了事情的正常发展，受不了朋友的善意，受不了她自我牺牲之路上用作标记的木桩被移动哪怕一点点的位置……

她在自己的空间周围布下警戒的方式显示出一种除我之外别无他人的可怕逻辑。”[12]在一致把西蒙娜·韦伊圣人化的言行记录中，梯蓬的苛评反而令人为之一振。总有人想抓住她的肩膀摇晃她，对她说：“到此为止吧，你这个被宠坏的丫头——别那么高高在上了！”有时，她固执地寻求纯粹，到了让人怒不可遏的地步，真想去支持那位严厉的批评家、诗人肯尼斯·雷克斯罗思（Kenneth Rexroth）。雷克斯罗思写道，她需要不谙世故的教区神父那种“粗俗却神圣的轻浮”，这样的神父会告诉她：“好了，我的孩子，你需要的是受洗、遵守十诫、星期日去做弥撒……长胖点儿，然后找个丈夫。”[13]

不管西蒙娜·韦伊多么喜欢和梯蓬夫妇在一起，她知道不能一直让人家款待自己，无论如何，她都想去寻找更艰辛的体力活儿了。梯蓬在几英里外、位于贝罗拉的圣朱利安（Saint-Julien de Peyrolas）的一座葡萄园给她找到一份采收葡萄的工作。葡萄收获季开始前她有十天闲暇，就跟父母到法国阿尔卑斯山区一个小镇上去了。佩特勒芒也来了几天，发现她变化很大。西蒙娜·韦伊还是幽默感十足，却表现出一种新的“温柔与宁静……

有一种更柔和、更智慧的善良”[14]。两个好朋友一直滔滔不绝：谈论《奥义书》①，西蒙娜·韦伊正在读它的梵文版；谈论黑格尔辩证法的不足；谈论西蒙娜·韦伊依然视为头等大事的前线护士项目。佩特勒芒还注意到，西蒙娜·韦伊经常在读一本梯蓬给她的《圣十字若望》，她的祈祷似乎也变了一种新方式：最近，她和梯蓬一起学习了希腊语原版的《我们的天父》，其文字之美令她惊叹。她一遍一遍地反复诵读，极大丰富了宗教想象："这篇希腊语文章令人甘之如饴，我简直爱不释手，一连几天我都反复诵读，没办法停下来。"西蒙娜·韦伊在第二年写道："有时，前几个单词就让我的思想超脱了身体，到了外太空一个既没有方法也没有看法的地方……在这个无穷之无穷的每一处，都弥漫着一种沉默，这种沉默不是没有声音，而是某种肯定的感觉对象，比声音给人的感觉更肯定。"[15]

从阿尔卑斯山回来后，西蒙娜·韦伊在阿尔代什的里厄（Rieus）家住了一个月，和他们一起采收葡萄。他们为西蒙娜提供食宿，她每天在葡萄园为他们工作八小

① 印度最古文献《吠陀》经典的最后一部分，讲人与宇宙的关系。

时。她还是拒绝拥有自己的房间，坚持睡在里厄家的餐厅地板上。她的文章摆了一地，让主人非常恼火。除了采收葡萄，她还要在黎明时挤牛奶，晚上切菜、洗碗，当然，她还坚持帮助里厄夫妇的孩子做作业，她无论住在谁家都辅导孩子学习。白天的葡萄采收很辛苦，她发现自己要跟上别人很费劲，但她坚持着，经常累得站不住，躺在地上手还在摘葡萄。“有时我都累垮了，”她在一封信里向朋友承认，“但我从中发现了某种净化的力量。就在我疲惫至极的时候，我尝到了无与伦比的快乐。”[16]而实际上，里厄夫妇对她吃那么一点儿饭却能干一个男人的活儿惊叹不已。“我们得像老鹰似的盯着她，要不然她就吃非常没有营养的食物——葱头啦，生土豆啦。她身体好像很不好，还经常头痛得厉害。”[17]

就在葡萄收获结束前夕，西蒙娜·韦伊给维希政府的犹太事务专员格扎维埃·瓦拉（Xavier Vallat）写了一封措辞尖刻的信，再次强调自己从来没有自视为犹太人：“我……从未进过犹太会堂，被有着自由思想的父母抚养长大，没有任何宗教信念，犹太教对我没有吸引力，犹太传统与我无关，从孩童时期开始，我就只受到希腊传统、基督教传统和法国传统的启发。”不过，这一次，她坚决抗议禁止犹太人从事专业工作的法令，满怀讥讽地感谢政府最近通过了一项让犹太人能参加体力劳动的法令，同时说明，她已经通过变成一个农场工人而遵守了这一法令：

> 我认为，这一犹太法令毫无公正可言，简直荒唐。你能相信吗，一个学数学的大学毕业生，仅仅因为他的祖父母中有三位去犹太会堂，就可能会伤害学几何的孩子？但是，在这种特别情况下，我真诚地向政府表达我的感激，你们把我从知识分子的社会范畴里剔除出去，给了我土地，而与土地一起，还给了我整个大自然。[18]

西蒙娜·韦伊整个冬天都在期盼着继续劳作，到梯蓬给她安排的另一份农场工作中去。可那个农场主在最后时刻改变主意不用她了，说他只能雇用本村人。所以，那年10月底，她回到梯蓬家住了几天后就回到了在马赛的父母身边。接下来的六个月——她在法国度过的最后日子——是她作为一名作家成果最丰硕的时期。收录在《基督教暗示》（*Intimations of Christianity*）中的大多数文章以及长篇论文《对上帝隐形之爱的形式》(“Forms of the Implicit Love of God”)都出自这段时间。她以前所未有的密度记着日志。她在马赛记录的二十本笔记中的很多内容被收入作品集《等待上帝》，这部选集是梯蓬在她去世后编辑的。而她在做所有这些工作时，还在一封信里向朋友抱怨自己输给了“天生的惰性”。

整个冬天，西蒙娜·韦伊又一次积极投身抵抗运动。贝汉神父介绍她与一位年轻教师马卢·戴维(Malou David)联系，马卢为新地下刊物《见证基督》(*Cahiers du Témoignage Chrétien*)工作，该刊代表有左翼倾向的工人，强烈反对维希政府。刊物是绝密出版的，很快，西蒙娜·韦伊就承担了在整个马赛地区的发行任务。她和马卢几乎每天见面，西蒙娜·韦伊充当这位同事的邮筒兼抵抗运动链条中的上层组织联系人。她没再被逮捕简直是个奇迹：她的笨拙曾使她把满满一箱子抵抗运动文件撒落在一条繁忙大街的人行道上。马卢在她对西蒙娜·韦伊的回忆录中说，西蒙娜·韦伊与她约定，一旦马卢被捕，一定要把责任都推给西蒙娜，这样，她——马卢——就可以获得自由，继续为抵抗运动工作。这两位女士的合作一直进行到西蒙娜·韦伊离开马赛，那时她把自己庞大的地下联系人网络都交给了马卢。

西蒙娜·韦伊在法国的最后六个月里，已形成惯例，每个星期日都去做弥撒，做完弥撒常去跟奥诺拉夫妇共进晚餐，贝汉神父就是这对天主教夫妇介绍给她的。叙谈了很久之后，她有时跟他们一起过夜，坚持睡在床边的地毯上（他们曾试图通过在地毯上放好多毛毯来阻止她）。这段时间她思考的核心问题是自己是否愿意成为一名天主教徒：在接受贝汉施洗的提议以前，她觉得必须先调查清楚自己将要遵守的教义的本质。对这项研究她必须谨慎行事，因为怕伤害那位声音柔和、近乎失明的神父的感情。她在写给梯蓬的信中说："我不能只为了避免让他痛苦而进教会！"[19]

正是在这样的研究和犹豫不决的背景下，西蒙娜·韦伊写下了致贝汉的那些著名信件，这些信件后来被编入她去世后出版的著作《等待上帝》。信里着重谈到她强烈的能力不足之感："只有那些在一定灵性水平之上的人才能参与圣事"，强调她感觉自己还远未达到那种水平。此外，她很不愿意把自己与"不幸的众多无信仰者"分开。她很想知道，在历史上是否有这种情况，当人类中的大多数都沉浸于物质主义之时，上帝是否会希望有"一些男女把自己奉献给上帝和基督的同时仍然保持在教会之外”。不过，她最大的阻碍在于，教会是个社会机构，“教会爱国主义”冷酷地排斥那些不遵守其全部教义的人，她对此非常憎恶。“我以一个极不相称者的身份尽可能地热爱上帝、基督和天主教信仰，”她在写给贝汉的信中说，“我通过圣人们的作品爱着他们……我热爱天主教的祷文、赞美诗、建筑、仪式和典礼。但对严格意义上的教会这个词，我一点儿也不爱。”[20]

在写给贝汉的所有信件中，西蒙娜·韦伊反复说明，她还没有足够清晰地感觉到施洗的召唤。“如果永生救赎摆在我面前……只要还没有接到指令，我就不会伸出手去。”可是，不管她多么严谨而诚实地专心于自己的宗教诉求，人们都会感觉她也许忽视了自己意识深处潜伏的冲动。她不愿加入教会或许也是受摒弃一切形式的满足的需要——受她的精神厌食症——所驱使？在这封写给贝汉的信中，西蒙娜·韦伊把自己剥夺身体需求和剥夺精神需求的双重冲动联系起来：“诚然，吃的行为实现了饥饿与食物的关联，但吃的行为被剥夺后，其作用同样真实，对饥饿的给养甚至更多……可以想象，对一个天生这种气质的人……对圣事的渴望与剥夺也许构成了一种比实际参与更纯粹的联系。”[21]

那年冬天，无论何时与天主教徒谈话，“施洗准备”问题一直都是西蒙娜·韦伊的主导话题。和朋友路易斯·贝尔谢尔在马赛附近爬山时，她曾请他问问他妹妹——一个渊博而有教养的修女，一个人要是相信在教会之外也有救赎，能否成为教会成员。那位修女回复说，在她看来，这样的信仰是允许的，而且她所在修道院（这肯定是个极端自由化的修道院）的神父也确认了她的观点。贝尔谢尔把结论转达给西蒙娜·韦伊，但她还是不放心。“请再问问他们，”她恳求朋友，“求你了，再确认一下。”贝尔谢尔注意到，西蒙娜·韦伊对绝对准确地与教会教义保持一致的焦虑体现了她思想中非常专制、保守的一面。她认为圣女贞德令人震惊，觉得贞德遭受迫害完全正确——要是所有固执己见的年轻女孩都开始把自己的政见强加于人，我们会落到什么地步？她发表意见说：“竟然允许她们那么做，我感到很吃惊。”贝尔谢尔告诉她，他的修女妹妹觉得她可以“向对朋友一样”对基督谈话时，她也有同样的反应。“竟然允许她们那么做，我感到很吃惊。”她又说了一遍，意思是他妹妹可能想象过度了。[22]

1942年3月底，得知自己和父母马上要拿到去北非的签证，而她很快就会被迫离开法国时，西蒙娜·韦伊到位于卡尔卡松（Carcassonne）东北的昂加尔加（En-Calcat）修道院去过复活节。她常去拜访在第一次世界大战中因伤严重致残的诗人若埃·布斯凯（Joë Bousquet）。他是清洁派研究权威，其作品常见于《南方杂志》。西蒙娜·韦伊发现，他的生活简直就是斯多亚派的典型。她和昂加尔加的修士弗尔南·维达尔（Fernand Vidal）进行过长谈，进一步探讨她准备施洗的问题。维达尔对她的看法比马赛多明我会修士的看法负面得多，他和西蒙娜两人基本合不来。“在她的精神中……我发现了某种粗糙、僵硬、固执的东西，”维达尔说，“正是她指责犹太人的（那些同样的特点）。”[23]

西蒙娜·韦伊失望之余又去和本地区另外一位修士克莱芒·雅各布（Dom Clément Jacob）讨论她的问题，她向雅各布提交了一张列表，列出了她自认为妨碍自己进教会的各种问题：如果相信在基督之前就有道成肉身，是否可以受洗？比如，相信俄尔甫斯奥义（Orphic mysteries），迦勒底神谕和埃及神谕，道教圣人、奥西里斯（Osiris）和克利须那的教义。如果相信上帝赋予当代印度非基督徒的知识与他赋予基督徒的知识同样真实呢？或者希望在教会正典中把《旧约》戒除？她把数十个类似这种对她十分重要的原则问题提了出来，而雅各布修士被激怒了，视这些为西蒙娜·韦伊的傲慢，甚至比之前所有神父都更严厉地答复了她：他明确告诉她，这类观点都是异端邪说。在昂加尔加修道院的这些遭遇是西蒙娜·韦伊灵性生活的转折点。之前她一直以为自己很有可能成为一名天主教徒，但经过这些思想冲撞，她觉得这种可能性已是微乎其微了。

就在她离开马赛之前，西蒙娜·韦伊给贝汉神父寄去两篇她最重要的文章《上帝之爱与苦难》和《对上帝隐形之爱的形式》，后来也被他收入《等待上帝》。至于梯蓬，她在乘船前往摩洛哥的前一天见到了他。她交给他一个包裹——如果不是粗心大意，也非常随意，里面是她的十二大本笔记，其中有她的马赛日记。梯蓬后来把它们编成了《重负与神恩》(*Gravity and Grace*)。“很快，我们之间就有距离了，”她在那天交给他的一封短信上写道，“让我们爱上这段距离吧，它完全由友谊织就，因为那些不爱彼此的人是无所谓分开的。”

西蒙娜·韦伊和父母一起于5月14日乘船离开法国，

这是一艘货船，十天后将抵达卡萨布兰卡。埃莱娜·奥诺拉到码头来送行，对她说：“今生或来世再见。”西蒙娜·韦伊回答：“不，是来世见。”

在等待放行去纽约期间，韦伊一家被安置在卡萨布兰卡郊外一个难民营里，待了十七天。西蒙娜·韦伊和几名妇女一起，裹着毛毯，睡在屋子的水泥地上。一群波兰的正统犹太教拉比每日在菜园里祈祷，让她极感兴趣。他们对祈祷时用的披巾和经匣非常讲究，也令她印象深刻。尽管这是她第一次到一个伊斯兰国家，而且也特别想去观光游览，但因为太专注于完成一篇有关毕达哥拉斯哲学的评论，所以只离开过营地一次，去看望朋友贝尔谢尔的妻子。在给贝汉寄去这篇关于毕达哥拉斯哲学的文章之前，她曾给他写了最后一封长信，信中责怪贝汉“爱教会就像爱一个世俗国家”。贝汉刚刚致信给她，说她受洗之日对他将是“极大的快乐”。她回信说，自己还不能接受贝汉教会的救赎观，“只有上帝有权阻止我给您带去快乐”。要真正做到信奉所有宗教的天主，她告诉他：“我们不能被任何造物约束，哪怕只是一根线绳，除非是整体意义上的宇宙万物。”[24]不过，她的结论却饱含深情，她告诉贝汉，在推广她的思想方面，贝汉很可能会比她自己做的好得多。在同一个邮件里，还有她写给埃莱娜·奥诺拉的信，里面详述了她离开法国土地感到的“撕裂”感。

6月7日，韦伊一家终于动身前往美国，他们乘坐的是一艘名叫塞尔巴平托（Serpa Pinto）的葡萄牙货轮，从卡萨布兰卡到纽约足足航行了一个月。西蒙娜·韦伊拒绝了父母给她买的头等舱票，坚持坐四等舱，最终睡在了甲板上。在船上，她几乎只跟一个十八岁的学生雅克·卡普兰（Jacques Kaplan，她称他为“我的小雅克”）谈话，她欣赏他，因为他当时对船上难民的孩子特别关照。他们到纽约后，雅克经常去拜访她，觉得她“非常会愉悦人，非常会保护人，非常会挖苦人”[25]。

纽约

西蒙娜·韦伊一直很讨厌来美国，痛恨多数美国特色的东西。“（美国人的）款待纯粹是慈善，成为慈善对象令我反感，”还在马赛时她就曾写信给安德烈，“成为迫害对象……更令人愉快些。”[1] 她一到纽约就开始计划离开。刚刚抵达那几天，她写了大量的信，里面透着极度失望的情绪。所有的信都只谈她要尽快去伦敦的事，希望积极投身战争，然后被空降回法国。

她立即致信前一年到美国定居的哲学家雅克·马里坦，谈到她的前线护士计划，同时还附上一封贝汉神父表示支持的信。（她甚至提出建议，如果可能，请颇具影响力的马里坦引荐她与总统罗斯福见一面！）她还把这一计划也写进了给海军上将莱希和未来的戴高乐主义部长雅克·苏斯戴尔（Jacques Soustelle）的信中，莱希最近刚被召回华盛顿，苏斯戴尔是她在巴黎高师就认识的，现在已经到达伦敦。在她为了去伦敦实现自己的计划而写信求助的众多个人中间，她最相信的一个人（事实也证明她是对的）是莫里斯·舒曼，舒曼当时也在伦敦参加自由法国运动。忆起当年他们并肩坐在阿兰课堂上的情景，她恳请这段友谊能尽快帮她去英国。她对他说，如果不能“到最危险的地方”，生命对她毫无价值。在另一封言辞恳切的信中，她把这件事委托给家里的世交，未来的总理孟戴斯·弗朗斯，她请求舒曼，等她到伦敦一定要把她派到法国与抵抗运动组织进行联络："我求求你，把我弄到伦敦去。不要让我在这里悲伤地死去。我以同志的身份恳求你。"[2]

在那几周的绝望中，西蒙娜·韦伊在竭力适应一个她显然坚决嫌恶的国家，她甚至给一个完全陌生的人写信求助，这个人是她在收音机里听到过的一位支持法国的英国军官，她请求他把自己安排到法国去执行一个危险的地下任务。"如果不是希望通过来这里我能更多地投入到斗争、危险以及这场战争带来的痛苦中去，我根本不会离开法国……现在我发现自己舒适而安全……我感觉自己被遗弃了。我受不了……只要巴黎……还在德国控制之下，我的生命就对我毫无价值。"[3]

哥哥安德烈当时正在宾夕法尼亚州哈弗福德学院（Haverford）任教，他反复向西蒙娜·韦伊解释，1942年从纽约去伦敦远比她想象的难得多。轮船数量非常少，而需求又特别大，为了防范德国攻击，仅有的那几艘轮船也只能在护卫下行驶。而且，任何法国公民要想去英国，都需要三个地方分别授权——英国政府、美国政府和自由法国总部。西蒙娜·韦伊清醒地意识到这些以后，变得越发沮丧了。她到纽约才几天，就从《纽约时报》上读到，维希警察在马赛驱散巴士底日示威活动时杀害两名妇女，这使她离开祖国的负罪感进一步加深了。她开始连续几天都不离开睡袋，睡袋还是放在她房间的地板上，而在此期间，谁也不能说服她吃任何东西。“我不能这么活下去，”她告诉母亲，然后说，如果时局不好转，她就到南方和黑人一起干活去。

到纽约后没几天，韦伊一家就搬进了位于第123街和第124街之间环河路549号的一套公寓（现在这幢大楼门口有一块纪念牌，上面写着西蒙娜·韦伊在此居住的日期）。站在公寓窗口能将哈德逊河、华盛顿大桥和格兰特将军墓一览无余。后者的纪念碑使人产生的军事联想更令西蒙娜·韦伊郁郁寡欢。8月，她收到了梯蓬的第一封来信。她马上复信，详述自己对离开法国感到的愧疚。“仅仅想到马赛的街道和罗纳河边我的小房子就使我伤心极了。”[4] 她告诉梯蓬。为了缓解思乡之情，她到曼哈顿的自由法国总部去，一待就是几个小时，以此刺激那里的官员帮她弄到去英国的签证。那里的一位前办公室秘书记得她当时的样子：

> 她非常瘦、非常孤僻、非常保守。似乎是出于高傲，她始终很冷淡，好像想通过明显的漠不关心来摆脱厄运……对穿着打扮通常都是无所谓的样子……她一只脚蹬在墙上，膝盖弯曲，像一只老海豹。她头发乱蓬蓬的，眼镜架在鼻子上，嘴里叼着烟，那张毫无表情的脸就像戴了面具，下面隐藏着正在消耗她的想要离开的迫切要求。[5]

西蒙娜·韦伊的精神因为一段重要的新友谊带来的快乐而多少振作了一些。西蒙娜·戴茨（Simone Deitz）是一个改信天主教的年轻人，与西蒙娜·韦伊年龄相仿，她们曾经在马赛有过一面之缘。两人在自由法国总部再次意外相逢，西蒙娜·韦伊得知戴茨也非常迫切地要到英国去。她以一贯的直率问戴茨："你愿意做我的朋友吗？"于是两人就形影不离了。这是性格完全相反的两个人的友谊。戴茨活力四射、积极乐观、热情友好，但西蒙娜·韦伊在她生命的这段时间里却沉默寡言、喜怒无常。两位女士到哈莱姆（Harlem）修了一门急救课，觉得这个证书也许能使她们去英国的机会大一些。西蒙娜·韦伊经常到戴茨家里吃晚饭，她对饮食的漫不经心使戴茨的家人非常吃惊，他们每次都用牛排招待她，而她朋友的父亲通过宣称犹太教优于基督教使她激动起来，而就在她沉浸在辩论中的时候，这位父亲偷偷地给她盘子里添些肉，这些肉她往往就吃下去了。

西蒙娜·韦伊初到纽约撰写的可发表文章没有在马赛时那么多。这里没有法语杂志激发她写作。她的英语口语非常好，但用英语写作却没那么流畅，她用英语写的几篇文章都被拒稿，这些文章是有关种族主义的，她署了笔名"弗朗西斯·布朗"（Francis Brown）。于是她在纽约公共图书馆度过了很多时间，研究爱尔兰神话、埃及神话和美洲印第安神话之间的密切关系，还发现了佛教圣人米拉热巴（Milarepa）的教义。在此期间，她一直坚持写日记，四个月里写满了三百多页，里面的内容经常很特别。她在纽约的创作平淡、阴郁，但融合了神秘的洞察力和社会行动主义，令人钦佩，因为这两个特征很少在同一位宗教思想家身上共存。"为上帝而死不是信仰上帝的证明，"她在一篇日记里写道，"为一个不为人所知、令人厌恶的罪犯——一个社会不公的牺牲品——而死才是信仰上帝的证明。”[6]她对上帝造物中最贫穷者日益深刻的认同贯穿了随后骇人的祈祷，也出现在她的纽约笔记中。那种苦行者对肉身的摒弃也许能被视为帕斯卡詹森主义的夸张反映，但又严重超越了帕式主张：

> 天父啊……恩赐我……使我不能对身体活动随心所欲，甚至不能尝试运动，就像一个完全的麻痹症患者。使我不能接收任何感觉……使我不能把自己的各种思想进行哪怕一点儿关联，就像一个不仅不识数不识字甚至从未学会说话的完全的白痴……但愿上帝把这一切从我身上拿走，毁灭掉，转变成基督的物质，作为那些肉体和灵魂各种营养都缺乏的受难者的食物。让我变成一个麻痹症患者——盲、聋、傻、完全地老朽……天父啊……把我的肉体和灵魂都夺走吧……让它们为你所用，除了夺走本身，什么也不要留下，要么就只留下虚无，永远如此。[7]

一到纽约，西蒙娜·韦伊又继续不懈地寻求与教会教义的兼容性。比如，她就强烈反对未受洗的婴儿要进地狱的观点。同时，她又开始了新一轮的神父拜访。在众多接受她考问的神父中，有约翰·厄斯特赖歇尔神父（Father John Oesterreicher）和福德汉姆大学的著名神学家迪特里希·冯·希尔德布兰德神父（Father Dietrich von Hildebrand）。她对两人都谈到，作为基督教的前导，希腊哲学比《旧约》高级，而她对异端观点的偏爱跟在法国一样没有被欣赏。两位神父都想办法把她转而介绍给其他神父。"我不知道这个新神父会不会再把我介绍给另一位，然后这么推诿下去，直到最后没有一个人留下。"她在父母去哈弗福德学院看哥哥期间写信告诉他们。

各位神父都很博学，不同的人给了她不同回答，她越发感觉自己的天主教之旅障碍重重。但到9月她又开始看到希望。雅克·马里坦推荐她认识了一位特别出色的多明我会神父爱德华·库蒂里耶（Father Édouard Couturier）。她那年秋天写给库蒂里耶的信扼要地总结了她对宗教问题非常复杂的态度。她对这位神父特别欣赏，以至推荐他为安德烈十岁的继子——伊芙琳与前夫所生的儿子——阿兰（Alain）准备圣餐，尽管安德烈夫妇此前并没有任何宗教立场。9月中旬，伊芙琳生下女儿西尔维（Sylvie）。西蒙娜·韦伊一下子就喜欢上了这个婴儿，她每次来看孩子，都很专业地用奶瓶喂她，令人吃惊。她还给哥哥写了几封长信，主张让西尔维到教会受洗。安德烈和伊芙琳后来接纳了她这两条建议。

尽管西蒙娜·韦伊继续与天主教教义有摩擦，但在纽约期间，她每天都去第121街上的科珀斯克里斯蒂（Corpus Christi）圣方济各教堂做弥撒，从她父母的公寓走五分钟就到了。因为她视拉丁语为罗马帝国遗产，她非常喜欢科珀斯克里斯蒂使用英语祷文的传统，这在当时被认为是很激进的做法。周末，她变得更包容，定期到哈莱姆的浸礼会教区去，偶尔，也会到一个埃塞俄比亚犹太小会堂去。浸礼会教堂的仪式令她很兴奋。“教长和教堂会众的宗教热情爆发，大家跳起了酷似查尔斯顿舞①的舞蹈，”她写信给朋友贝尔谢尔医生，“惊呼、喊叫、唱圣歌……真正感人的信仰表达。”[8]

9月中旬，西蒙娜·韦伊终于看到一线赴英的希望。伦敦的自由法国组织近几个月来扩大了很多，跟美国的接触也突然频繁起来，而美国正在准备进攻北非。莫里

① 美国20世纪二三十年代流行的一种摇摆舞，以南卡罗来纳州查尔斯顿城命名。

斯·舒曼致信西蒙娜·韦伊，说他已经跟安德烈·菲利普（André Philip）说起她的事，安德烈·菲利普是一名前社会党议员，现在是戴高乐临时政府内务部的特派员，他马上要来纽约，愿意把西蒙娜·韦伊带到伦敦去。她给舒曼写了很长的感谢信，里面还是坚持要求给自己安排最艰险的工作："整个世界的苦难令我心神不安，对我的影响到了要毁灭我的地步，我能……从这种不安中解脱出来的唯一办法就是自己去承担大量危险而艰难的工作……我恳求你为我争取……唯一能拯救我不会被徒劳的悲伤吞噬的高度艰险的任务……"[9]

几周后，安德烈·菲利普带着艰巨的任务来到纽约，他要说服罗斯福对自由法国采取更肯定的态度。西蒙娜·韦伊与他见了面。他们的面谈进行得很顺利，安德烈·菲利普提出让西蒙娜·韦伊在自己手下工作。这一正式邀请使西蒙娜·韦伊能够愉快地准备远行，出发日期定在 11 月 10 日，届时由五艘船组成的船队将离开纽约驶向伦敦。但在离开前，西蒙娜·韦伊得去澄清她与纽约的法国流亡团体之间的一些政治误会。西蒙娜·韦伊在巴黎的朋友、现在也在伦敦的法国存在主义哲学家让·华尔（Jean Wahl）写信告诉她，她的流亡同胞中正流传着她同情维希政府的谣言。她赶忙写信驳斥那些指控。

她义愤填膺地否认指控，同时指出，整个国家都曾对休战协议表示欢迎，都要对1940年的溃败承担责任：“所有法国人，包括我自己，都和贝当一样（因为休战协议）应受指责……从那时起，贝当已经根据总的形势和自己的身心状态竭尽所能地降低伤害。”她在详述法国悲剧的同时，也表达了自己在这个问题上的过错，这种自我惩罚式的公开认错将会有好几次，这是第一次：“经过一番非常痛苦的内心挣扎后，尽管我曾有过反战主义倾向，但自从我认定为希特勒的覆灭而工作已成为高于一切的义务……我还从未背离自己决心要做的事……也许，我做决定不够早，我也因此而非常自责。但是……自从确定了这一立场，我还没有动摇过。”[10]（着重号是笔者加的。）

在准备离开之际，西蒙娜·韦伊还不得不最后一次澄清妨碍她入教的那些与罗马天主教教义之间的龃龉。她需要一位心胸开阔的神父解释她感受到的以“特伦托会议之教理问答”（the catechism of the Council of Trent）为代表的教会教义与基督教本源——“《新约》、神秘主义者、礼拜仪式”——之间的巨大差异。她决定咨询在纽约期间曾短暂地做过她精神导师的库蒂里耶神父。离美赴英前夕，她给库蒂里耶寄去一封很长的信，足足有三十二页，纸张还是很大的长十七英寸、宽十三英寸的那种，上面都是很小的手写字体。她没有询问天主教教义的要点，而是开始反向思考，列出了她自己信仰中那些她担心是异端的说法。

她总结了自己与教会的分歧，一共列出三十五条“异端观点”，主要集中在两个主题。她首先详细阐述了自己的信念，即神圣启示在基督纪元前很久就已经充分体现在印度、巴比伦、希腊、埃及、德鲁伊文明和中国的宗教信仰中。像奥西里斯、狄俄尼索斯、毗湿奴、湿婆神和克利须那这样的神，比雅各有着多得多的神性，对神圣真理的理解也透彻得多。她在详细阐明这方面的信念时，再一次猛烈抨击了传教士（“人改变宗教信仰就像作家改变语言一样危险”），并强烈谴责教会把欧洲与“现代文明一切要素之源的古代”割裂开来。

西蒙娜·韦伊写给库蒂里耶的信中第二个主题是她为什么拒绝享受施洗的快乐，同时为自己作为“教会之外的基督徒”进行辩护。她谴责阿奎那（Thomas

Aquinas）把信仰的概念解释成对一套相互关联的命题的智性默认（intellectual assent）。这样的观点，在她看来，包含着“比希特勒的极权主义更令人窒息的专制”，用一个讨厌的词概括就是“绝罚”（anathema Sit），教会用这个词标记那些被视为异端的文本和人物（在信的正文里，她三次把教会机构与纳粹制度相比较）。在致库蒂里耶的信中还有很奇特的一段，极大贬低了有关耶稣复活的教义："如果福音书完全省略所有基督复活的相关内容，信仰对我会容易得多。仅有十字架足矣。"[11] 在西蒙娜·韦伊的大量著作中，这是唯一一次提到耶稣复活（这个天主教教义的中心概念对她来说也许太过欢喜）。

尽管西蒙娜·韦伊苦苦哀求父母留在美国，哥哥也百般相劝，但是韦伊医生和夫人还是尽一切努力准备跟着她去英国。不过现在西蒙娜·韦伊既然已尽到责任，挽救了父母，使他们没有遭受纳粹迫害，她就希望跟随自己良心的指引，不论它指引她到何方。她下定决心不让父母陪着，而他们没办法弄到相应的文件帮了她的忙：战时离开美国的安保级别非常高，只有被自由法国正式邀请才能去伦敦。女儿离开纽约时，韦伊夫妇甚至都不能上船送行，只能在码头旁边一个敞篷里与她诀别。她对父母的临别之言是："要是我有好几条命，就可以把其中一条献给你们，可是，我只有一条命。"[12]

1942年11月10日，西蒙娜·韦伊乘瑞典货轮"瓦拉仁"（Vaalaren）号离开纽约，当时船上还有十名乘客。同时她的朋友西蒙娜·戴茨也正奔赴伦敦，在同一船队的另一艘船上。正当他们乘风破浪之时，"二战"的风云开始转向。盟军部队已经在北非登陆；俄军前线具有决定意义的斯大林格勒保卫战刚刚打响；随后几周，在阿拉曼（El Alamein）战役中，隆美尔（Rommel）开始败退。西蒙娜·韦伊离开纽约的第二天，纳粹军队大举进入维希法国。在维希警察的大力协助下——这些警察实际上早已开始了这项工作，继续围捕犹太人，像马赛这样的大城市，居民受到的摧残特别严重，大约有两万五千名法国公民在此次行动中被赶到灭绝集中营处死。

伦敦

穿越大西洋用了两周时间。西蒙娜·韦伊的一位同船乘客，一名英国军人回忆，问她为什么吃那么少。她回答说，她无权吃得比自己的法国同胞多。显然，她相信，根据某种补偿法则，自己拒绝吃饭或许能使法国儿童有饭吃。不过，她一直保持情绪高涨，成了船上这一小群乘客的领袖，在月光如水的夜晚，她把大家召集到甲板上，给他们讲民间故事，鼓舞士气。在利物浦登陆后，旅客都被转移到位于伦敦郊区的一个筛查中心，名叫“爱国学校”，其实是为了查明来英国的旅客中是否有间谍。西蒙娜·韦伊在那里看上去还是很高兴，学习打排球，装扮成鬼跟同伴们逗着玩儿。在筛查中心一般是待上几天，但因为她以前的左翼关系，她被滞留了整整两周。若不是现任戴高乐情报部门主任的莫里斯·舒曼从中干涉，要求把她放出来，她可能还要待更久。

安德烈·菲利普的代表路易·克劳森（Louis Closon）负责英国的自由法国总部与法国本土的抵抗组织之间的联络，西蒙娜·韦伊与他的会面是她来伦敦以后即将面临的多次大失所望中的第一次：她的前线护士建议当即被坚决拒绝。（“她疯了！”据说是戴高乐对“护士计划”的强烈反应。）而她想和抵抗人员一起被空降到法国的计划也同样被坚决否定：她太容易暴露，克劳森告诉她，她可能会使别的同志陷入危险。（西蒙娜·韦伊的“犹太人”相貌和她笨手笨脚的名声看起来好像也是自由法国拒绝给她安排地下任务的因素。）这些当场否决对西蒙娜·韦伊是巨大的打击；而最近德国占领了非占领区的消息又使她愧疚至极，觉得自己根本不该离开法国。她没有被派去执行原来梦想的英勇任务，而是被安排在非军事部门当一名编辑，该部门的总部设在希尔街（Hill Street），那里给了她一个小办公室。

在伦敦的第一个月，西蒙娜·韦伊被安排和自由法国妇女志愿者住在一起。但是到1月初，她在荷兰公园（Holland Park）附近的波特兰路（Portland Road）找到了更好的寓所，住在一个有唯心主义倾向的女清洁工家里。这位拒绝房间有暖气、又说拒绝吃饭是因为法国同胞正在饿死的古怪的隐士般的寄宿者很快受到了这一家人的爱戴。她的女房东弗朗西斯夫人是一位教师的遗孀，有两个儿子，一个十四岁，一个十岁，她马上送给西蒙娜·韦伊一本中世纪神秘主义者文选《慰藉之言》（*The Little Book of Comforts*）。女房东描述她的声音是“那么平静、那么柔和”，她的神情是那么悲伤，自己以前从未见过。而西蒙娜·韦伊在写给家人的信中描述弗朗西斯一家都是“纯粹的狄更斯式的人物”，有着与众不同的品质。她有无穷无尽的故事要讲给两个男孩听，而且还马上开始辅导他们做功课。他们经常把自己的学校作业放到她门口等她修改。那个小一点儿的男孩，西蒙娜·韦伊曾经在他生病时把他带到自由法国的一位医生那里，和她变得很亲近，有时就蜷缩在她门口等她回家，等到睡着了。

西蒙娜·韦伊对伦敦的大爱使她从被拒绝参加地下任务的悲伤中缓过来。她同意 T. E. 劳伦斯对英国人的描述，认为他们充满“幽默与善意”。英国人不像美洲大陆的人那样对彼此大声喊叫。她写信给父母说：“他们出于自尊以及对他人的真正慷慨控制（自己的脾气）。”[1] 英国传统的力量也令她印象深刻，她觉得这是英国根基和力量的组成部分。她发现工人阶级街区的酒吧生活简直是莎士比亚戏剧中饮酒场景的再现。她在闲暇时可以拜访很多朋友。周末，她有时和克劳森一家或罗辛一家共进晚餐。罗辛夫妇是她父母的德国朋友，现居住在伦敦，西蒙娜·韦伊给他们的儿子辅导数学。她满怀热情地观看了《李尔王》和《第十二夜》的演出。她和西蒙娜·戴茨经常见面，她教戴茨学习藏语，这样她们就能一起读米拉热巴的作品了。戴茨反过来想教她学开车，但试了一次就放弃了，西蒙娜·韦伊在十分钟内就出了两次小事故。平日里，她经常去办公室附近农场街的耶稣会教堂做弥撒，到了周日，她偶尔和舒曼一起去骑士桥（Knightbridge）的布朗顿（Brompton）礼拜堂做礼拜，但她会让舒曼待在门口，因为她更愿意独自祈祷。

自由法国在战时伦敦有两个不同的办事处。中央总部是戴高乐办公的地方，在卡尔顿公园，离商业区很近，别具讽刺意味的是，办公室所在地是英国 19 世纪非常害怕法国的前政治家帕默斯顿勋爵（Lord Palmersten）的宅邸。安德烈·菲利普领导下的“内务部”同时也是西蒙娜·韦伊办公的地方，在希尔街，紧邻伯克利广场。1942 年到 1943 年冬，自由法国组织总的特点就是变化很大。成立的前两年，自由法国的工作重点是让盟国承认其合法性，而因为罗斯福总统对戴高乐众所周知的敌视，做到这一点很难。但是，到 1942 年夏，随着像安德烈·菲利普和皮埃尔·布罗索莱特（Pierre Brossolette）这样的社会党领导人来到英国，也随着伦敦总部与法国本土抵抗运动之间的联络日益紧密，戴高乐也不得不通过调整其政治利益，把主要精力放在对抵抗运动的掌控上面。

1942 年后期，自由法国经历了另一次重要转变，这也将极大影响西蒙娜·韦伊在伦敦的工作。随着胜利曙光的临近，无论在伦敦还是在被占领的法国，人们都开始关注战后法国重建的原则问题。进行法国抵抗运动的爱国者反复与在伦敦的同志沟通交流对战后的宪法、对政党的作用、对重新制定《人权宣言》的观点。在希尔街的西蒙娜·韦伊要阅读、分析并反馈源源不断的来自被占领的法国的书面材料。她无疑对自己阅读的多数方案表示高度赞同。抵抗运动领导人不仅在反抗维希政权的法西斯本质，同样，他们还像西蒙娜·韦伊多年来一直在做的一样，谴责法兰西第三共和国的整体政治风气，特别是他们认为要对 1940 年悲剧负责的议会制和政党竞争，请求一切从零开始。

西蒙娜·韦伊最后的作品，同时也可能是最伟大的作品《扎根》(*The Need for Roots*)是她对这次历史危机的响应。这部作品写于第三共和国和第四共和国之间那段时期，其主要论点是，西方国家未能满足人类对根的需要是 20 世纪极权主义兴起的主要原因。该书还激烈反对主流的世俗个人主义，以 18 世纪以来引导社会理论的基本理想——以人权为中心——的彻底破灭开始。在她看来，世俗个人主义有着太浓的以自我为中心的利己主义色彩，当不同个体的关注对象发生冲突时，就会导致诉与反诉的对立情形。她提出建议，因1789年革命而变成绝对原则的权力概念必须被换成义务概念，她认为这才是唯一名副其实的道德基础，在这方面她多少有些像康德。

她还突出强调了一项优先于所有形式义务的至高无上的“超自然”义务，这项义务同时也是她政治愿景和社会愿景的基石：尊重每一个人，人人都必须履行这项义务，“唯一的理由是，他们都是人类的成员，无须满足任何其他条件……这……是唯一一项在人类事物领域不需任何条件的义务”[2]。

西蒙娜·韦伊在阐述了人类的绝对义务之后，又继续描述国家对其公民必须尽到的各种不同义务。她以对立形式将其列出，旨在保持永久平衡。下面就是她列出的几组：

自由与服从。她把自由定义为对众多行动选择始终享有选择的特权；而服从不是基于奖惩，而一定是在自由前提下的赞同。

平等与等级。平等指尊重与体谅；等级被西蒙娜·韦伊定义为人类对“上级的某种特定忠诚”的需要，“不是……与他们行使的权力有关，而是具有象征意义”。

荣誉与惩罚。对于后者，她非同一般的论点是，惩罚应被视为一种需要，而不是强加或修正，因为“与善太疏远而去寻求扩散恶的人……只能通过把伤害加诸己身才能与善再度结合”。

安全与危险。安全指免于恐惧与伤害；危险受制于我们对花样频出的各种选择的同等需要，这些不同选择对避免无聊、加强勇气至关重要。

个人财产与集体财产。西蒙娜·韦伊想象的理想社会是，权力分散的古老小城邦网络，朴素的个人住宅辅以大的公共菜园、运动场和市民中心。她的乌托邦排除了所有国有企业和特大私人公司。

责任与言论自由。这组配对——这种特别的西蒙娜·韦伊的“需要”二重性——的本质并不清晰。责任涉及我们参与决策的需要，那些“与我们自身利益无涉，但（我们）个人有所关注”的决策。至于言论自由，她对这个问题的思考备受争议，需要特别关注。

西蒙娜·韦伊表明立场之后，在《扎根》里的一篇早期文章中，为了“每种观点都有无限的表达自由”，继续说明个体自由必须受保护，防止可能来自集体的“建议、宣传、影响”。“法律不应允许任何集体表达观点……因为一个集体一旦有了观点，往往会不可避免地将之强加到其成员身上，”[3]她在这篇精雕细琢的文章中说，这一观点显然受到她对纳粹和共产主义宣传工具的担心影响，同时也受到一个说法的影响，这个说法在自由法国圈内广为传播，即媒体在1940年的溃败中起了重要作用。那么，政党的一切言论是否都应该被禁？选举该如何进行？公民如何才能表达作为民主制精髓的集体抗议？是否所有媒体——所有日报和周报——都应该受此限制？西蒙娜·韦伊从未回答这些问题，也未能确定她想要禁止的“集体思维”的确切本质——这种明确性的缺乏甚至导致她被指控同情初期的法西斯党徒。

西蒙娜·韦伊是一个充满激情的教育家，她为战后时期列出的有些青年教育原则与她限制媒体自由的观点一样饱受争议。她认为青年公民与其身处社会的关系必须由宗教想象而非政治想象来展现，因为，正如她给贝汉神父的信中所说：“上帝之子除了宇宙本身不应该有任何世俗国家……那是我们应该热爱的家乡城市。”[4]为了实现这个目的，西蒙娜·韦伊要求把宗教重新引入所有学校。在她看来，正是宗教教育的缺乏——另一个1789年的遗产——使得年轻人易于受到狂热崇拜、毒品、暴力、色情和犯罪的诱惑。但是，西蒙娜·韦伊所说的"宗教教育"，即使加上对其他主要信仰的研究，也意味着以基督教教育为主。在这些篇章里，西蒙娜·韦伊听起来与我们自己的道德多数派或基督教右派很接近，令人不安。

对造成1940年溃败的"连根拔起"的长篇历史分析和对法国历史（她把极权主义国家的现代概念追溯至黎塞留（Richelieu）[①]时期，着重强调导致1940年失败的法国精英的道德沦丧与知识退化）冗长的离题阐述在《扎根》里比比皆是，有时很有洞见，有时又极其怪异。书中扼要重述了所有她喜欢的主题：对多数集体活动的毫不信任；憎恶罗马，热爱希腊；当代社会错误地给科学以支配地位；使艺术与文学充满道德价值的需要；体力劳动的特权角色；相信自由与平等只有被注入了其他世俗价值后才名副其实。

西蒙娜·韦伊谈到《扎根》时，说这是除《压迫与

① 黎塞留，法国主教及政治家。作为路易十三的首席大臣，他致力于加强君主制统治，并在三十年战争（1618—1648）中领导法国。

自由》之外“她的第二部伟大作品”。她写信给母亲，期待母亲像打印第一部作品一样，把这部作品也打出来。这两部作品确实有相似之处。《扎根》保持了《压迫与自由》中最关心的正义问题，但西蒙娜·韦伊早期强调的阶级斗争已经让位给神圣超脱，她充满激情的政治关注现在通过她宗教体验的棱镜折射出来。对这本书的最佳描述可能是：这是对基督教社会主义乌托邦的憧憬，作为具体的目标陈述常是失败的，作为对现状的控诉却非常成功。

《扎根》只是西蒙娜·韦伊在伦敦工作的五个月里写下的巨量作品——大约八百页手稿的文本——中的一小部分（其他作品被编成了《伦敦手记》）。她为自由法国撰写的最长的单篇文章集中论述了废除一切政党的建议，而这个基本上非民主的概念使一些批评家很不满地说，按照她的方案重建的法国会酷似维希政府，只是少了与纳粹分子的合作，领导人由贝当换成了戴高乐。[5]她在伦敦写了另一篇备受争议的论文，它关系到国家对“法国非基督徒外国裔少数群体”——有时指犹太人——采取的政策。在这篇文章中，她建议一个抵抗组织做出回应，而这个有法西斯倾向的组织已臭名远扬，该组织成员要求对犹太裔少数群体进行隔离。她担心他们想要得到官方认可的这一建议是旨在创造“随时可利用的准备条件，以进一步实施其暴行”[6]。但不管西蒙娜·韦伊有多么善良的意图，在陈述使犹太人完全融入法国社会的吁求时，她所使用的语言都很可惜地引起了广泛误解：“这样一个（正规犹太人）少数群体的存在”，她写道，“并不代表一件好事；因此目标必须是使它消失……官方认可这个少数群体的存在将会非常不幸。”[7]

西蒙娜·韦伊和戴高乐从未见过面。西蒙娜·韦伊的崇高作品也很少被这位将军看到。鉴于戴高乐将军有自己独特的原宗教的民族主义，有他自己与这个民族的神秘体交流的倾向（“我已经接管了法国”，他曾经说），他很有可能被西蒙娜·韦伊作品中的爱国激情感动。但将军在随从人员的高规格保护之下，没见过几个他在希尔街的部下。据说戴高乐只从头至尾读过西蒙娜·韦伊的一篇文章，是她到伦敦前几周写的，题目是“对反抗的反思”（Reflections on Revolt）。自 1940 年以来玷污法国形象的民族耻辱一直是西蒙娜·韦伊心中最重要的事。这篇文章提倡建立一个“最高反抗委员会”，通过协调在法国发起的暗中破坏行动、在伦敦的自由法国策划的行动，突出法国在联盟作战中的军事贡献。西蒙娜·韦伊的建议有可能对1943年5月成立的由伟大的爱国者让·穆兰（Jean Moulin）领导、负责协调所有形式的抵抗组织的国家抵抗委员会（National Council of the Resistance）有一定影响。但是，与西蒙娜·韦伊的意图正好相反，穆兰的委员会只限于协调法国大陆的活动。而令西蒙娜·韦伊惊恐的是，戴高乐坚持委员会中包括一些“二战”前的政党代表，而她相信在国家溃败中，那些代表起了一定作用。

西蒙娜·韦伊在伦敦密集的创作节奏急剧加速了她的健康恶化。她遵守着令人精疲力竭的日程安排，每天晚上的睡眠时间很少超过三小时。她经常在希尔街的办公室里工作到天明，偶尔趴在桌子上休息一下。她每周都咳嗽，而且越来越厉害，却告诉朋友们，说她“吸烟者的咳嗽”是由自己一支接一支不停地抽烟造成的。她的头痛病又回来了，而且越发严重。她越来越担心，自己在战争爆发前夕还在支持后来不幸失败的和平主义信念，这或许曾对法国的溃败起了推波助澜的作用。她在伦敦写的一封信中谈到她“1939年前的罪过”。她在赴美途中结交的年轻的法国朋友雅克·卡普兰1943年3月到伦敦加入自由法国，他发现她已经完全不是一年前他所认识的那个精力充沛、喜欢挖苦讽刺的女才子。“她疲惫而紧张，神经绷得太紧，快要崩溃了，”他回忆道，“她看起来很冷淡，让人没办法和她接触。”[8]

1943年3月，因离开法国懊悔不已而备受折磨的西蒙娜·韦伊向舒曼表达了她的绝望。她感觉被误解，完全被排斥，对自己在伦敦的创作是否有人注意深表怀疑。她在希尔街的工作正在“削弱（她的思考能力）”，她告诉舒曼，这项工作很快会因为她身体的疲惫以及“道德限制……那种因感觉不得其所而日益深重的悲哀”[9]被迫停止。她在最后创作的其中一篇论文《圣事理论》（“Theory of Sacraments”）中，进行了一番复杂的比较：（一）通过圣餐饼中基督的临在，愉快地架起了渴望与现实之间的沟通之桥；（二）她回国的神圣渴望与她在伦敦处境的残酷现实之间存在无法逾越的鸿沟。换句话说，她把自己对祖国的渴望和为国牺牲的强烈需要视为自由法国不允许她实现的神圣冲动。“我在真理门外，”她向舒曼悲叹。可是，这位能把她带到伦敦的亲爱的朋友却无法帮她回到法国。因为所有这些地下任务都由一个高度独立的机构指挥，这个机构名叫情报与行动中央办公室，而舒曼与该机构没有过任何接触。西蒙娜·韦伊向该机构的一位高级军官让·卡瓦耶斯（Jean Cavaillès）求助，卡瓦耶斯在法国做地下工作很长时间了，而且他们在巴黎高师就认识（他后来被盖世太保枪杀），他告诉西蒙娜·韦伊，她建议的那些高贵的、刻意而为的英雄主义行为在抵抗工作中没有用武之地。

后来，她听说，这个中央办公室已经选定将她最好的朋友西蒙娜·戴茨空降到法国去。这成了压垮骆驼的最后一根稻草。她竭力说服戴茨让自己替她去，当然，没有成功。最终，戴茨的任务被取消，但造成的伤害已无可挽回：她越发感到被排斥，与周围环境也更格格不入。她可能是把被空降到法国的计划看成了自己最能让人接受的死亡方案。她开始比以前吃得更少了。1943 年春，盟军胜利的希望大增，但并没有给她带来多少快乐，这也许是她最明显的抑郁表现。她伦敦的同事为了苏联最近在斯大林格勒大胜德国第六军、盟军在北非决定性地击败了隆美尔而欢呼雀跃，她却对胜利前景使自由法国内部产生的各种蝇营狗苟、争权夺利而深恶痛绝。

她终于崩溃了。4月15日，西蒙娜·戴茨因为在希尔街办公室没有看到她，就到她在波特兰路弗朗西斯夫人家的小房间里去找她，发现西蒙娜·韦伊躺在地上不省人事。被用了点儿白兰地恢复神智后，西蒙娜·韦伊请求给莫里斯·舒曼打电话。她打电话时放声大哭，对舒曼说："现在一切全完了。我要被送到医院去了。"她被送往托特纳姆法院路（Tottenham Court Road）附近的米德尔赛克斯（Middlesex）医院，被诊断双肺都有颗粒状肺结核。医务人员立即为她制定了营养饮食方案。但她拒绝比病倒前多吃任何东西，理由是，法国的食品配给，根据最近的报道，已经又减少了。她和各位护士都相处得很好，但和米德尔赛克斯的医生争吵得厉害，医生说她是他们遇到过的最难打交道的病人。

从那以后，西蒙娜·韦伊的很多精力就放在向父母隐瞒真相上，不能让他们听说自己病了。她在信封上继续使用波特兰路的地址。像所有厌食症晚期的患者一样，她似乎对食物想得越来越多。她住院期间给家人的信中充满了对英国美食的描述——她比以往任何时候都更喜欢去伦敦的酒吧，她这样对他们撒谎：她现在吃的是烤羊肉蘸薄荷酱或烤猪肉蘸苹果酱，还有各类水果等。她写家信时几小时才写一张纸，竭力把字写工整，这样她父母就看不出什么变化了。

开始，大家觉得西蒙娜·韦伊两个月就可能出院，但是对病情的预判越来越不乐观。结核病造成的器官损伤没有表现出任何好转，而且她一直在发烧。住院几周后，她请求见神父，不是因为她想要受洗，她强调说，而是因为她希望弄明白阻碍她受洗的障碍。西蒙娜·戴茨把自由法国的随军神父勒内·德诺鲁瓦（Father René de Naurois）带到她床前，后来他又来看过她几次。她兴奋地、但并不总是很连贯地给神父列出了几个月前她给库蒂里耶神父列出的那些神学问题，第一个问题问的是未施洗的婴儿的命运。

德诺鲁瓦神父说“她讲话很快，声音很低，说话中间总有一阵一阵的沉默”，但他为西蒙娜祈祷以后，她就变得安静多了。她的思维状态使他想起“一只松鼠在旋转的笼子里的特技表演”。他这样描述她：

> 我有一种感觉，对这样一个格外纯洁而又慷慨的灵魂，恰恰因其的力量与正直，上帝好像拒绝了快乐与安宁，而更倾向于让她至死都

> 在证明这一真理……我强烈地感觉到，一个完全做好准备的温顺灵魂，只是……从思想和分析的微妙之处逃脱了……（她的思想）高度抽象、深奥，有快速的逻辑推理，而且非常“女性化”……一种难以捉摸同时又异常丰富的思想……它不会接受任何固定出发点以前进或后退。[10]

在接待神父来访的这段时间里，西蒙娜·韦伊告诉朋友西蒙娜·戴茨：“如果有一天我被完全剥夺了意志力，陷入昏迷，我就应该受洗。”几天后，戴茨从水龙头那儿接了点儿水来，洒到西蒙娜·韦伊的头上，同时宣布了洗礼词。西蒙娜·韦伊随口说道：“洒吧，反正也无害。”

她活下去的意志力正在随着她对自由法国的极度愤怒而减弱。1943年春，新北非前线妄自尊大的保守派将军亨利·吉罗（Henri Giraud）被美国人任命为非洲的法军总指挥，戴高乐的生存策略因此进一步复杂化了。5月，戴高乐在助手舒曼和克劳森的陪同下，前往阿尔及利亚解决他与吉罗之间的斗争。西蒙娜·韦伊对自由法国越来越失望。她厌恶他们拉拢人的政治活动，担心戴高乐正在组建自己的政党。几周后，就在盟军因成功登陆西西里而力量增强后不久，西蒙娜·韦伊从自由法国退出。她在写给克劳森的一封言辞激烈的长信中陈述了退出抵抗运动的理由。既然她已经被拒绝参加法国地下活动的任何一项任务，她写道："我不能也不希望再与法国抵抗运动有任何直接或间接、甚至非常间接的联系。"在附言中，她又加上："我完了，崩溃了，没救了，科赫发现的结核杆菌把我毁了。后者只是利用了我缺乏抵抗力，当然，现在正忙于进一步破坏它……这个物件也许修补不了了，只能临时粘在一起使其能再坚持几年……甚至这种临时的黏合也只能由我父母完成，任何其他人都做不了。"[11]

她挚爱的父母，那对溺爱她、什么都管的夫妇到目前为止还一直随叫随到，准备"把破碎的她重新黏合到一起"。直到最后，她就自己伦敦的生活还是对他们撒着谎：伦敦初夏之美、她最喜爱的酒吧、伦敦人的说话腔调；她问起自己小侄女西尔维的消息，还计划着最终与他们在北非重聚。

对朋友，她越来越不肯通融。舒曼从阿尔及利亚一回来就到医院来看她，他们却发生了一场激烈的辩论。她责备舒曼没有竭尽全力把她送到法国去；她攻击他的无线电广播对苏联太过仁慈；她接着又指责他要对自由法国组织的普遍堕落负责。她不会禁止他再来看她，她说，但是，她希望他知道，自己再也不会理他了。他们最后一次相见的确很沉默，令人悲哀。一进到医院病房，舒曼就递给她一本《沉静如海》（*The Silence of the Sea*），这是抵抗运动领导人让·韦科尔（Jean Vercors）刚刚在被占领的法国秘密出版的一本书。西蒙娜·韦伊连看也没看一眼就把书递还给他了。

西蒙娜·韦伊的伦敦朋友中——舒曼、戴茨、克劳森夫妇、罗辛夫妇——没有一个人觉得她想死。她反复谈论未来，谈论法国解放后自己要做的事。实际上，她的死不是以任何传统的自杀形式，也不是很多厌食症患者的那种死亡。就我们所能解释的任何一个人在这种时刻的情感状态看，西蒙娜·韦伊的态度不像是主动自杀，而更像是某种冷漠和疏离。可能的情况是，与其说她剥夺了自己的进食权利，还不如说她想通过自我克制与自己的同胞息息相通；与其说她是自寻死路，还不如说她在修炼自己，以期达到她长期以来向往的禁欲者的清心寡欲状态。很有可能，经过多年日益严苛的自我克制，她的消化系统已经紊乱，使得吃饭非常痛苦。更难弄清楚的是，她是否或多或少清醒地意识到了自己在冒着怎样的危险。虽然不是决定要死去，但是她可能也没有对死亡进行足够的抗争。

从7月中旬开始，西蒙娜·韦伊一直要求从米德尔赛克斯医院转到一个乡村疗养院去。根据护士们的说法，她坚信新鲜空气会治好她的病。她焦急地等待着自己的请求是否会得到满足的消息，在此期间，她又出现了几次消化问题，从而进一步减少了进食量。8月初，期待搬迁的她看着自己的书被打包装好——柏拉图的著作、《薄伽梵歌》和《圣十字若望》。她给父母写了最后一封信，继续沿袭用英语词"Darlings"（亲爱的）称呼他们的习惯："Darlings——现在写信的时间很少了。信会写得很短、不稳定、相隔时间会很长；但你们还有其他的慰藉来源……再见，亲爱的爸爸妈妈。最最深挚的爱。"[12]过去的一年里，她一想到自己可爱的小侄女西尔维正在缓解父母对自己的焦虑，就感到莫大的安慰。

8月中旬的一个星期二，她终于上路了，救护车把她送到了肯特（Kent）郡阿什福德（Ashford）市的格罗夫那疗养院（Grosvenor Sanatorium）。刚进房间就听到她低声说："要死在这么一个漂亮的房间里啊。"她的房间在第一层，窗外有宽广的草地和田野，景色很美。房间面朝南，她马上对此评论说，田野的前方是大海，对面就是法国。她的房间面朝祖国，她是多么开心啊！她还发着高烧。她只有一星期的生命了。

疗养院的医护人员和来看望她的朋友——泰蕾兹·克劳森（Thérèse Closon）、西蒙娜·戴茨——还是设法让她吃东西。她尽了很大努力，但只能消化一点点。她试着喝了几小口香槟，但多数日子里，她的思维总是回到自己年轻时候吃的东西上去。8月21日星期六，她喝了几口自己要的法式面包黄油汤，还告诉克劳森夫人，她也许能吃一点儿土豆泥："你知道，就是我母亲过去常常做的那种。"（人们会想到婴儿期的半流质食物，她在断乳期吃的那种糊状的东西。）

星期日那天，她就着雪利酒吃了一个蛋黄，甚至还请疗养院雇用一名法国厨师，到这时候，她可能已经神志混乱了。从那以后，据护士讲，她拒绝一切食物，因为害怕自己受不了。她可能一直感觉胃疼得厉害。然而，在医院和疗养院这最后几周，她都在继续写日记，强迫自己保持清晰、坚定的写作思路。日记的最后几页摘录如下：

> 盲人的手杖。要感觉自己的存在，不要把它当成存在本身，而是当成上帝意志的一部分……
>
> 用整个灵魂思考基督。——……邪恶不是用这种方式一下子消除的。而是逐渐进行的……
>
> 一种超自然的能力。
>
> 慈善。
>
> 唉，这不是洗礼赋予的。[13]

就在去世前的最后这几天，她对食物在仪式中的重要性进行了大量思考：

> 饮食在正式场合、节假日和家庭或朋友聚会中的重要性来源于物质与真实感情之间的联系……（还有糖果、珍馐美味、饮料都一起……）还有特色菜的重要性：圣诞节火鸡和蜜饯栗子——马赛的圣烛节蛋糕——复活节彩

蛋——还有上千种当地或地区的风俗习惯（现在几乎都消失了）。

宴会的欢乐与重要的精神意义存在于与宴会相关的特色佳肴之中。[14]

“灵魂的永恒部分以饥饿为食，”她在最后几周里还写过这样的话，“我们不吃饭时，我们的有机体消耗其自身的肌肉组织并将其转化成能量。灵魂也是如此……灵魂的永恒部分消耗其凡俗部分并将其转化。灵魂的饥饿难以忍受，但对我们的疾病，没有其他治疗方法。”[15]

她日记里的最后话语是“护士”。

这个词用英语拼写，没有标点。

她的生命迹象在最后那个星期日和星期一还相当正常，但后来就弱得多了。8 月 24 日星期二，一个暖融融的夏日。下午五点半，她突然陷入昏迷。晚上十点半，她的心脏停止了跳动。

两天之后，法医出了验尸报告，其内容如下：“因饥饿和肺结核导致心肌变性造成心脏衰竭……死者心智平衡受到破坏，拒绝进食，确系自杀。”[16]

这是多么微不足道的判词！她死于爱国主义，她为法国的命运悲伤与羞愧。她死于愤怒，因为她得不到允许，像男人那样英勇地走向战场。她死于报复，像所有厌食症患者一样，出于一种强烈的奇观感。她，从孩童时代起就关心世界疾苦，还死于悔恨，因为她觉得自己的民族遭受耻辱也有她的责任。她本可以通过厌弃自己的犹太人身体和拒绝承认自己心灵深处的犹太之美加速死亡。历史环境没有允许她像一名真正的清洁派教徒那样生活，但她死得像一名清洁派教徒，她选择了清洁派奉为最神圣的死亡方式。她死于某种称为疾病的东西（这要看你怎么看待它），那是她习惯性地分担他人痛苦的需要。

事情就是这么简单。

三天后，她被埋葬在阿什福德的白布鲁克（Bybrook）公墓，位于犹太人墓区和大主教徒墓区之间的一块地方。那天站在她墓前的有西蒙娜·戴茨、莫里斯·舒曼、她的房东弗朗西斯夫人和两个儿子，还有一位是她十几岁在赛维尼中学（Lycée Sévigné）时的老朋友苏珊娜·阿隆（Suzanne Aron），阿隆刚刚到达伦敦与丈夫雷蒙德相聚。从伦敦请了一位神父，但他因为空袭警报没赶上火车，所以莫里斯·舒曼亲自跪下诵读了自己弥撒书上的祷文。

直到今天，人们还可以到白布鲁克公墓看一看西蒙娜·韦伊的墓。她的墓很难找，因为没有直立的墓碑标记，只有两块水平的标示牌，其中一个上面记录了她的生卒日期：1909年2月3日——1943年8月24日。然而，多年以来，她的墓吸引了特别多的游客，阿什福德旅游局为此印制了公墓地图，标明其陵墓的具体地点；应游客的请求，旅游局甚至还要以传真方式把地图发给阿什福德火车站的服务台，“欧洲之星”列车（连接英国与欧洲大陆）现在在该站停靠。

不过，西蒙娜·韦伊的陵墓还是很难找，因为旅游局地图上标记的地点太偏左了。寻找特别靠后排陵墓旁边的高大紫杉树，你就会找到，陵墓被照管得很好，左侧是一棵很大的白蜡树，3月底，樱草花和风信子会三三两两在中心石板周围开放，石板上写着这样的文字：

> 1942年，西蒙娜·韦伊加入伦敦的临时法国政府，因患肺结核在阿什福德的格罗夫那疗养院去世。
>
> 她的作品使她成为最重要的现代哲学家之一。

韦伊医生比女儿多活了十二年，韦伊夫人在丈夫去世后又活了十年，他们从来没有勇气去看看女儿的墓。但他们以另一种方式纪念着她：她去世后的多年里，他们很少做其他的事，只为后世子孙重新抄写她的手稿。“就像上班一样，”他们的孙女西尔维·韦伊说，“他们每天早晨坐下来，把西蒙娜·韦伊的作品工整地抄写在黑色的笔记本上，短暂的午餐过后，又接着抄，一直到晚上很晚。除了那些来了解西蒙娜·韦伊的人，他们基本不见什么其他人。他们只专注于保存她的作品这个目标。”[17]

就这样，西蒙娜·韦伊的父母继续充当着她与现实世界连通的脐带，没有父母在身边，这位神秘主义者似乎不可能在这个世界活下去。

神秘天父

西蒙娜·韦伊的哲学思想在她生命的最后两年变得清晰而明确，以其最终形式确定下来。下面是她作品中一些基本概念的汇总，以及这些概念引发的各种反应的范例。

创造（Creation）与去创造（Decreation）

上帝创造宇宙的行为是放弃与牺牲的行为。他必须放弃作为唯一权力与现实的地位，来为其他现实让出空间，他必须在某种程度上隐退，以给出空间。“上帝只能通过隐藏自身来创造，”她在《重负与神恩》里写道，“否则就只有他自己了。”[1]因为上帝是至善，他还要放弃自己的权力，因为权力与善是对立的，还因为他希望我们只出于我们自己的自由意志服从他。这是一个完全超越的上帝，他在邪恶面前绑起了自己的双手；这是一个受难的上帝，人类自治把他四分五裂，与自我隔离。只有在基督本人身上，通过基督受难，上帝才能开始与自我再度结合。

西蒙娜·韦伊贴切的概念“去创造”经常被误读为她诋毁物质世界的证明。事实上，这一概念有着另外一种含义，就像她对自然与艺术的热爱、对社会改革的深度参与以及下面这句话所共同明确的：“对世间之生者……有意义的事……就像一个过滤器或筛子，是检验思想中真实成分的通用测试。”所以，她的“去创造”，从心理学角度理解更合适，一定要被视为模仿与回馈的过程。就像上帝在创造世界时放弃了对我们和自然万物的权力，我们也必须放弃他交予我们的独立，不再与他分离。在西蒙娜·韦伊的词典中，“去创造”与“毁灭”有着天壤之别，她定义前者为“使创造物逐渐变成非创造物”，后者则是“把创造物逐渐变成虚无”。

所有神秘主义者惯用的悖论与矛盾的语言在西蒙娜·韦伊这里也非常丰富，而且因其洗练的格言体风格甚至变得更加深奥难懂。“上帝创造了我们的独立性使我们能出于爱而放弃它……上帝出于爱从我们身边抽离使我们能爱他……心无上帝之人感觉不到上帝的临在。”[2]（有时，西蒙娜·韦伊笔下藏猫猫的神很像法国电影中某位噩梦般反复无常的虐待狂情人，不断抛出谜题般的甜言蜜语，比如“为了和你在一起我必须离开你”。）

在西蒙娜·韦伊的最后几年里，受《奥义书》和她研习的其他东方信仰体系的影响，她将自己的去创造概念与这样的观点联系到一起：即要与神真正接触，自我是必须被净化的幻象。像许多早期的神秘主义者一样，西蒙娜·韦伊经常使用屏蔽的概念——我们必须完全放弃自我感觉，以使上帝之爱自由通行，如同穿过一扇透明的窗："自我只是罪与错通过阻挡上帝之光投下的影子……我中之罪自称为我。"[3]

但西蒙娜·韦伊的神学思想受东方宗教影响的同时，也可能受了自身精神厌食症的影响。她不允许自己享受任何安慰的滋养，这种安慰一般通过与上帝亲密接触而来，是多数神秘主义者接受滋养的传统方式。"对有些人而言，凡是使他们更接近上帝的事都是有益的，但对于我，却是凡是使人与上帝保持距离的才是有益的。"[4]"如果上帝对于我们像财富对于守财奴一样重要，我们必须告诉自己，这样的上帝不存在……真实的地狱与虚幻的天堂比起来，我们必须选择前者。"[5]

在写给多明我会库蒂里耶神父的信中，有一句话几乎坦白交代了她自我毁灭的动因："一想到耶稣被钉死在十字架上，我就会犯下嫉妒的罪。"[6]

必然性与被造世界

时空世界是上帝赐予人类最珍贵的礼物——自由意志——的实践之地。可这个世界啊，却受着必然性的主宰。必然性，那些不可变的自然规律和历史规律，经常以冷酷无情的面目呈现——战争、瘟疫、无辜者的磨难，我们一直都在与之搏斗以与上帝之善保持一致。我们通往精神启示（此处西蒙娜·韦伊的观点与摩尼教不同）的唯一途径是平静地接受必然性的过程。我们必须将其当作公正与美好之事接受，甚至还必须崇拜它，我们必须实践斯多亚派所谓的“爱命运”，对大自然最残酷的规律平静地默许，与宇宙相比，我们绝对无足轻重。不管这些规律多么冷酷无情，无法撼动，“像万有引力定律一样不可见却精准真实”，我们必须爱它们，因为它们是上帝意志的表达。

通过沉思必然性对我们的冷漠［加缪《局外人》里最后有一个短语“世界温柔的冷漠”（la tendre indifférence du monde）很可能是因阅读了他钟爱的西蒙娜·韦伊］，我们能培养对物质造物真正超然的态度。只有这种超然体验，极度空的体验——中世纪神秘主义的“经由否定”

（via negativa）——才有可能创造出让上帝能进来接触我们的空隙。“神恩充满空的空间……神恩只能进到有空间接纳它的地方，而正是神恩本身创造了空。”[7]“人类只有接受了空，神恩才会奔涌而至。”还有另一句神秘的韦伊格言：“世界是一扇关着的门，是一道障碍，同时也是通行之路。”[8]

我们无足轻重以及上帝无限远离我们的痛苦体验——回应了帕斯卡想象中“与人完全相异”的上帝——对西蒙娜·韦伊至关重要。只有通过痛苦地感受他的缺席，我们才能开始体验他的临在。“上帝与超自然的一切无形地隐藏在宇宙之中。他们也应该被无名地隐藏在灵魂之中。”[9]“我们必须要经历爱他的事实，即使他不存在。”[10]“一种净化方法：向上帝祈祷……同时想着上帝并不存在。”[11]（一种可能的解释：既然上帝存在的方式不是我们自然禀赋所理解的造物的存在方式，我们最初体验的超自然现实可能就是虚无。）

在一篇神秘预示了战后即将兴起“上帝之死”神学论的文章中，西蒙娜·韦伊还把我们对上帝的情感比作我们对死者的情感：“死者的临在是想象的，但其缺席非常真实；此后，这便是他的出现方式。”她举了古希腊戏剧中的例子说明这一点——这是她最喜欢的论证手段。正如对于伊莱克特拉（Electra）①，“任何别人在场都不如奥瑞斯特斯（Orestes）的缺席”，我们必须热爱从物质造物中缺席的上帝，胜过热爱其中任何实物。[12]

可是，我们这些可怜的造物又能以什么方式热爱上帝呢？这是西蒙娜·韦伊在她的关键论文《对上帝隐形之爱的形式》中探索的主题。

对上帝的隐形之爱

人类之爱有三个上帝隐身其中的潜在对象，通过这些对象，我们能够以一种间接或含蓄的方式爱他。这三个对象是我们的邻居、宗教仪式、被造世界的秩序与美。这些含蓄的或“戴着面纱的”爱构成了我们必须毫不含糊要经过的阶段，以期实现只有最具特权的神秘主义者才能达到的与上帝直接接触的目的：“灵魂不愿接受其主人的亲自造访，除非灵魂中充盈着所有这三种间接的爱……这种隐形之爱必定首先到来，而且经常独自主宰

① 伊莱克特拉，希腊神话中阿伽门农与克吕泰墨斯特拉的女儿，为了给父亲报仇，与弟弟奥瑞斯特斯杀死了母亲及自己的情夫埃古斯托斯。

灵魂达很长时间……隐形之爱能获得高度的纯粹与强大的力量。”[13]

爱我们的邻居与我们对人类每个成员的绝对同情有关，而且，首先关系到公正，这个最神圣的原则，其唯一的基础是双方同意。公正——又一项仿效神的悲悯之作的原则——始终是西蒙娜·韦伊伦理观中至关重要的观点：“平等对待那些在力量上远不及自己的人等于把人类品质作为礼物送给了他们……只要可能，造物会复制造物主最初的慷慨。[14]……公正的超自然力量包括在不平等关系中的强者以完全平等之心行为做事。”[15]

另外一种使我们更接近上帝的隐形之爱或含蓄之爱是我们对宗教仪式的爱。像帕斯卡一样，西蒙娜·韦伊视祈祷为最重要的事，并相信履行宗教仪式能帮助我们加深信仰。“对上帝之名的吟诵，”她写道，“真正具有转化灵魂的力量。”但以罗马天主教教义的观点，西蒙娜·韦伊远比帕斯卡那时更接近异端。她坚持认为，只要带着一颗纯洁的心去履行，所有重要宗教的仪式都具有同样神圣的力量，能为“带着渴望”参加仪式的任何人带来救赎。（西蒙娜·韦伊与严厉的普罗旺斯多明我会修道士进行了她在法国最后的神学讨论，我们可以想象，这样的普救论观点在他们那里会遭到怎样的待遇。）还是在这篇文章里，西蒙娜·韦伊猛烈抨击了罗马天主教徒促使出身于其他信仰的人皈依的热情。她坚决反对改变信仰，因为在她看来，一个人出生时的宗教就是一架梯子，通过它能够饱览其他各种信仰之美。“为了在想到其他任何宗教时能带着适当的高度关注、信任与爱，我们必须首先把我们所有的关注、信任与爱给予一个特别的宗教。”[16]

西蒙娜·韦伊指出的第三种爱上帝的“含蓄”形式——我们爱“世界之美”的义务——是她思想中非常重要的方面，所以将在下文中单独阐述。

美

世界之美展现了“神圣智慧在创造中的合作”。这是一种神圣特质，“像一面镜子……使我们回到对善的渴望”。鉴于我们多数人误以为是目的的成就——金钱、权力——仅仅是手段，美本身即是善，而且永远也不可能成为得到任何其他事物的手段。正如康德感受到的，美是“一种终结，不涉及任何目标”[17]。

还是通过世界之美，冷酷无情的必然性最容易成为爱的对象。此处，西蒙娜·韦伊再次表现出她的反禁欲倾向。除了圣方济各，其生活被她视为"行动中的完美诗"，她反复批评基督教缺乏对大自然风景奇观的强调。在她看来，我们对世界之美的渴望正是受了上帝的启示。美是我们渴望转世的部分原因。美是人世间的永恒。美还有深刻的伦理层面，在她的剧作《威尼斯得救了》中，西蒙娜·韦伊详细阐述了这一观点。在该剧中，主人公为了拯救威尼斯城——它美丽和英勇的气质令他着迷——犯下了叛国罪，他的祖国是西班牙帝国。

美，当然还是通往艺术的桥梁，艺术是"把整个宇宙无限美的形象尝试着放进有限的物质中，由人来塑造"。可以推断，西蒙娜·韦伊的艺术观是乌托邦式的、极其传统的，而且多少带些学究气，对多数的当代审美产物，她很有可能要大跌眼镜了，因为这些当代的所谓艺术品，旨在惊世骇俗或提供信息，并非基于传统的"大美"观念。她认为，不能"真正反映世界之美"的艺术作品没什么作用，而每一位真正的艺术家都与世界之美有着真实、直接和实时的接触，"一种具有神圣本质的接触"。[18]

磨 难

西蒙娜·韦伊第一次体验宗教情感时，开始区分“la douleur”和“le malheur”，前者指身体受苦，后者是一个更倾向心理学的词，最佳翻译是“磨难”。如果不是慢性的而且很严重（比如西蒙娜·韦伊头痛带来的痛苦，有可能会真的变成磨难），身体受苦是一种短暂状态，在其消失前我们通常能学会忍受，而且不会留下任何永久标记。（西蒙娜·韦伊指出，甚至很严重的情感痛苦，比如失去所爱的人的悲伤，有时也会好起来，至少会随着时间减轻。）

磨难，从另一方面看，是在我们的身体和灵魂中留下永久标记的深重的身心痛苦，涉及羞辱与社会堕落，在流水线上工作的几个月里，她看到的在工厂工人身上留下烙印的就是磨难。在这种极端奴役、“极端磨难形式”的实例中，受害者甚至被剥夺了个性，变成了物件。

工作，当然是磨难的完美例证。西蒙娜·韦伊最微妙的一个观点是，因为工作而遭受的那种磨难烙印在我们的灵魂里，带着“悲伤、厌恶、甚至按常理只有犯罪才会产生但实际却没有产生的愧疚与亵渎……一切的发生都好像灵魂处于有罪的状态”[19]。这些愧疚感、卑微感，甚至是特别关键时刻的那种犯罪感对西蒙娜·韦伊而言好像是从青年时代起就与生俱来，也因此使她能够那么深刻地认同这个世界上的可怜人。

然而，磨难，这种“神圣技能的不可思议之作”，在我们的最终启示中扮演着重要角色。同样，还是通过受苦，我们得以领略世界之美，因为“仅仅受苦就能使我们与构成世界秩序的必然性接触”[20]。（在西蒙娜·韦伊所有关于磨难的作品中，人们会惊异于她与卡夫卡的密切关系，卡夫卡曾写道：“矛盾是我们的不幸，不幸感是我们对现实的感觉……这就是我们必须爱它的原因。”对两位作家而言，受苦的转换力量对理解整个宇宙是“上帝话语的振动”绝对必要。）

注意与等待

西蒙娜·韦伊关于达到一种优雅状态的思考，用她自己的话表达得恰如其分，不用再多加评论。

我们绝不想发现：就像过度投入的情况下，

我们对自己努力的目标变得有依赖性……只有不含渴望的努力（不依附于某个目标）才肯定会有回报……通过拽葡萄串，我们使所有葡萄都落到了地上……[21]

注意包括暂停思考，使之退出、变空，准备接受对象的进入……最重要的是，我们的思想应该是空的、等待着的，不寻求任何东西，只是准备以其赤裸的真实接受即将进来的对象……我们不是通过主动搜索来获得最珍贵的礼物，而是通过等待……这种方式的看，首先是留意。灵魂腾空它所有的内容，为的是接纳它在观看的人，其本来面目的人。只有有能力注意的人才能这么做……

错误的寻求方式：注意力固定在一个问题上。害怕虚空的另一种现象……

带来救赎的态度不像是任何形式的活动。表达这一点的希腊语词是υπομενη，而“默认”更是一个不恰当地翻译出来的词。无限持续且不能被撼动的是等待或留意，以及坚定地一动不动。最好的形象表述是那个为了主人一敲门就打开而在门边等待的奴隶。他必须准备好，就是饿死累死也不能改变姿势……即使他被告知主人死了，而且即使相信了，他还是不动。[22]

在服从上帝的行为中，我们是被动的；不管我们得克服什么困难……没有类似于肌肉力量的东西；只有等待、注意、沉默、固定、在痛苦和欢乐的极端体验中保持不变。耶稣被钉死在十字架是所有服从行为的模范。

这种被动行为，所有行为中最高级的一种，在《薄伽梵歌》和《老子》中有完美描述……

正如埃斯库罗斯所说："神圣者无难事。"救赎轻而易举，但我们无论尽多大努力都难以实现，因为一切皆由上帝掌控。[23]

因此，要获得信仰、救赎或西蒙娜·韦伊希望我们获得的多数美好的东西，我们并不能做什么。她与帕斯卡之间最大的意见不合，实际上与帕斯卡主张的我们应该主动祈祷神恩的降临有关。在这个问题上，塞缪尔·贝克特（Samuel Beckett）也许比任何人都更理解她的意思：我们除了等待什么也做不了，除了对我们生活的这个世界保持某种程度的饱含爱的关注，我们什么也做不了。或者像我们在反战运动中倡导非暴力反抗时经常说的那样，“不要做什么，就站在那儿”。（斯托顿·林德注意到，反战运动很重视西蒙娜·韦伊。）

食物，既神圣又世俗

食物与饥饿的隐喻在西蒙娜·韦伊的作品中反复出现，到了摆脱不了的地步，而且经常带着非常消极的进食观。

> 我的食物是遵行差我来者的旨意……
>
> 友谊是奇迹，一个人借此同意在一定距离之外，而不靠得更近些，看着那个对他而言和食物一样必不可少的人……
>
> 美者是使我们保持一定距离同时又暗示了某种放弃的肉体的吸引……我们想吃掉所有我们渴望的东西。而美者是我们渴望却不想吃掉的东西。我们渴望它存在。[24]（她是否把吃当成了某种形式的原罪？）

西蒙娜·韦伊非常喜欢这种看或吃的范例，她在自己的日记和书信中反复述及，这些隐喻最终被用到不同的书里："人类生活的大麻烦在于，看与吃是两件不同的事……恶习、堕落和犯罪可能在本质上，差不多永远，甚或也许永远，都企图吃掉美，吃掉我们只应该看的东西。夏娃是始作俑者。"[25]（这是否意味着，天堂对西蒙娜·韦伊而言，就是一种能让她永远吃饱饭的境况？）

"世界之美是迷宫入口。毫无警觉的个人刚进来走几步就找不到了……如果继续走，他绝对会最终到达迷宫中心。而在那儿，上帝正等着吃掉他。"[26]

写给贝汉神父的信中："我现在的情况之于您就像一个陷入极度贫穷总在挨饿的乞丐，在一年里每隔一段时间就要到一个富足的家里去拿主人施舍的面包。"[27]

我们应该记得，这位女神秘主义者对超自然体验的描述通常带有食物与哺乳的情欲意象。对诺里奇的朱利安，"我们珍爱的圣母，耶稣……能用一种远比母乳更珍贵的物质喂养我们，他自己。"阿西西的圣克莱尔，一个从青少年时期起就睡在木板上、把自己的食物藏起来给穷人的厌食症患者，曾经梦到她吮吸着自己的英雄、阿西西的圣方济各的乳房。对另一位患厌食症的圣人，圣女大德兰，上帝之吻“比琼浆还甜美”。

“一个孩子不会因为我们告诉他没有面包而停止哭泣……他还是会哭下去。对灵魂而言，危险不在于怀疑是否有面包，而在于用谎言说服自己，认为自己不饿。”[28]

西蒙娜·韦伊是否可能因为基督教对食物着迷般的强调，因为圣餐礼食人肉的联想而更被其吸引？“在天主教的中心，一个小小的无形物质被发现，一小块面包……一个物质碎片……里面有一个大阴谋，然而这也是这个宗教最美好的品质。”[29]

西蒙娜·韦伊身后

西蒙娜·韦伊去世后的二十年时间里，T. S. 艾略特曾撰文，认为她尽管表现出“几乎超常的谦卑和近乎无礼的傲慢”，却具有“圣人般的天才”[30]。

法国存在主义哲学家加布里埃尔·马塞尔（Gabriel Marcel）表示反对：“这位实际上已经去犹太化的犹太女人令人痛苦的声音”使人无法产生希望。[31]

对于格雷厄姆·格林（Graham Greene），西蒙娜·韦伊站在“深渊的边缘，双脚深陷进去，拒绝像普通民众那样跳过去（她以她自己的集体方式爱着这些民众），她屈从于搭在肩上的一只神圣的手，强烈要求被单独拣选出来”[32]。

美国批评家莱斯利·菲德勒（Leslie Fiedler）写道，她象征着“一个异化时代里教会外的圣人”[33]。

美国非神职神学家多里斯·格伦巴赫（Doris Grumbach）因为她拒绝了自己和上帝之间的中介而批评她显示出一种“近于新教徒的骄傲”。

对于阿尔弗雷德·卡津（Alfred Kazin），“一个狂热投身于我们这个时代最危险体验的人”西蒙娜·韦伊给我们的最伟大的礼物是：她保持着“对所有人类体验热情欢迎的态度，最极端、最无足轻重、最连根拔起的体验……她寻求最多的是使人类摆脱生存的自然孤独状态的一种对生活的世界深情的关注。”[34]

肯尼思·雷克斯罗特（Kenneth Rexroth）谈到《扎根》时，说这是“一堆胡言乱语，只有盲目的爱国者佩吉（Péguy）那种精神错乱的幻想能超过它”，他指责西蒙娜·韦伊“拿印度教和比较神话故弄玄虚，比罗伯特·格雷夫斯（Robert Graves）的虚构还糟”[35]。

“为什么只有通过把犹太人民的上帝变成撒旦的化身，西蒙娜·韦伊才能相信一个爱与恩典的上帝？”犹太神学家汉斯·梅耶霍夫（Hans Meyerhoff）问，“《系列笔记》（*The Notebooks*）表明，她深深伤害了自己，却以此诋毁自己的民族，作为她不至完全绝望的、孤注一掷的最后防卫手段。”[36]

1980年的诺贝尔文学奖获得者切斯瓦夫·米沃什（Czeslaw Milosz）曾在20世纪50年代后期把西蒙娜·韦伊的作品选集翻译成波兰文，他认为，“她通过证明……很多基督徒都是异教徒，很多异教徒在内心都是基督徒，把一种新的酵母注入了信仰者与非信仰者的生活”，“她的知识，她的严谨作风，都不过是对人类痛苦的高度关注”。为什么我们这个时代有那么多人对她产生兴趣？他大胆推测，其原因是，我们生活在一个“对摩尼教有明显偏见”的时代，她与这个时代发生了特别的共鸣，他又接着说，因为我们的文学都带着愤怒的标记，“这种愤怒指向一个不再像是一个聪明钟表匠的作品的世界”[37]。

爱尔兰历史学家兼批评家康纳·克鲁斯·奥布赖恩（Conor Cruise O'Brien）严厉批评西蒙娜·韦伊最后的著作《扎根》，说这本书鼓励“一种严格、原始而又形式怪异的审查制度，这种制度会使雅克·马里坦因为说了有关亚里士多德的话误导了他人而受到惩罚”[38]。

苏珊·桑塔格（Susan Sontag）写道，韦伊是我们时代文化英雄的典范，他们反对自由主义，反对资产阶级，他们“重复、痴迷、无礼，以强迫取胜——不只是通过他们的个人权威口吻和对知识的热情，还通过对个人困境和知识困境的敏锐意识”。通过韦伊，她继续说，现代读者能“对并非他们自己的，也不可能是他们自己的某种层次的精神事实表示敬意”[39]。桑塔格提示，因为我们未能实现对美德和纯粹的本能追求，所以韦伊担当了代罪羔羊的角色：她比我们任何人都走得更远，站在了我们无人敢企及的高度，她替我们做到了。

阿尔贝·加缪在登上飞机去斯德哥尔摩接受诺贝尔奖之前在西蒙娜·韦伊在巴黎的房间里沉思了一个小时。

据说教皇保罗六世把贝纳诺斯、西蒙娜·韦伊和帕斯卡视为影响他学术发展最重要的三个人。

西蒙娜·韦伊被人赞美过、指责过、评论过、注释过、解读过、评议过，几乎被研究透了。但就我所知，没有一位评论家曾非常清楚地阐明下面这则寓言的意义，这是她赴美前不久在马赛写下的，只是简单地加了个标题：“前言”[40]。

前　言

他走进我的房间，说：“可怜的人啊，你什么也不明白，什么也不知道。跟我来，我要教给你一些你不会怀疑的事。”我跟着他走。

他把我带进一座教堂，崭新却丑陋。他领我走到圣坛前，说：“跪下。”我说：“我还没有受洗。”他说：“在这前面跪下来，带着爱，就像跪拜在真理面前。”我服从了。

他领我出来，让我爬上一座阁楼。通过敞开的窗户可以看到整座城市铺展在眼前，还看到木质的脚手架，看到河流，河上有船在卸载。阁楼是空的，只有一张桌子和两把椅子。他让我坐下。

只有我们俩。他开口说话。时不时有个人进来，说几句话，然后又离开。

冬天走了，春天还没有来。树上的枝条光秃秃的，没有花苞，在冷空气里沐浴着阳光。

白日的阳光会出现，灿烂地普照万物，然后渐渐消失；再后来，月亮和星星会从窗户进来。之后，黎明会再一次到来。

有时，他会陷入沉默，从一个壁橱里取一些面包，我们一起分享。那个面包真的有面包的味道。我后来再也没有找到那种味道。

他会给我倒上酒，也给他自己倒上。那种酒有太阳的味道，也有这座城市脚下泥土的味道。

其他时间，我们会躺在阁楼的地板上，甜美的睡眠会把我包围。然后我会醒来，在阳光下喝上一杯。

他曾许诺要教我，但他什么也没教。我们谈论各种各样的事，海阔天空地聊，就像老朋友一样。

一天，他对我说："现在走吧。"我跪倒在他面前，紧紧抱住他的膝盖，恳求他不要赶我走。但他把我扔在了外面楼梯上。我走下去，麻木不仁，心已经碎了。我在街头游逛。然后我意识到，我还不知道那座房子在哪儿。

我从未设法再去找过。我明白，他是误走

到我这里来的。我的家不在那座阁楼里。它可能在任何地方——在监狱小屋里，在那种中产阶级满是各种小饰品和红色长毛绒的客厅里，在车站的候车室里——任何地方，只是不在那座阁楼里。

有时，我会情不自禁地，带着恐惧与悔恨，对着自己重复他对我说过的话。可我又怎么知道自己记得对不对呢？他又没在那里告诉我。

我很清楚，他不爱我。他又怎么可能爱我呢？可是在我内心深处，有什么东西，是我自己内在的一部分，情不自禁地想，带着恐惧与战栗，也许，不管怎么样，他是爱我的。

致 谢

首先，我要向法国国家图书馆西蒙娜·韦伊档案馆馆长弗洛朗丝·德吕西（Florence de Lussy）夫人表达我最真挚的感谢，感谢她在本书写作期间为我提供了最重要的指导。德吕西夫人慷慨大方、热心助人，不惜花费大量时间尽其所能帮我查找各种文献。她对本书始终显示出极大的热情，对我鼓励有加，对此，我深表感谢。

我还要特别感谢我的朋友皮埃尔·诺拉（Pierre Nora），是她把我引荐给德吕西夫人和伽利玛版《西蒙娜·韦伊全集》的责任编辑弗朗索瓦丝·西比尔（Françoise Sibielle）。同时，我还要向西尔维·韦伊表达深深的感谢，感谢她与我分享她的家庭往事和照片档案，这些为我提供了至为重要的帮助。

感谢乔治·莱希纳（George Lechner），这位朋友曾伴随我走过研究过程的每一步。感谢乔纳森·法斯曼

(Jonathan Fasman),他制作的电子版注释棒极了,而且,他对文字音乐美的感受力堪比音乐家的音高辨别力。

感谢那些花时间阅读原稿并在上面手书标注的我的家人、朋友和学者。他们是:克利夫·格雷(Cleve Gray),我出版的九部作品最具洞察力、最孜孜不倦的批评家;卢克·格雷(Luke Gray),同样一丝不苟的常驻评论员;克莱尔·布鲁姆(Clair Broom),我天使般的读者;瓦萨(Vassar)学院的大卫·沙尔克(David Schalk)教授和罗格斯(Rutgers)大学的大卫·利弗林·刘易斯(David Levering Lewis)教授,这两位出色的学者以史学眼光对我的书稿进行了文本细读和严格把关,这是所有传记作家都梦寐以求的荣耀。我几十年的老朋友,亲爱的范居尔埃(Cabrielle Van Zuylen),在我去法国调研期间为我提供食宿,她的情同手足与慷慨相助是贯穿我整个人生的重要力量源泉。

本书写作过程中的翻译部分,需要说明一下:从佩特勒芒那本大部头的作家传记中引用韦伊作品段落时,我经常参考的是1976年的美国版。但如果觉得里面的翻译不好或别扭,我就去找完整得多的法文版。从韦伊的主要作品《等待上帝》《重负与神恩》《扎根》和《系列笔记》

中引用时，我也采取了同样的原则。因为视尾注为一种社会服务，我注明了直接引语的英文版出处，但也经常通过参考法语原文做一些翻译修正。

平心而论，西蒙娜·韦伊的思想复杂深奥，辐射面广，对政治学、宗教学、伦理学、史学、诗学和心理学都有敏锐而深刻的洞察，用两百页左右的书对这笔遗产进行阐释，任务艰巨。我的主要目标是使人们对这位具有远见卓识的思想家在她三十四年生命中面临的个人压力和社会压力有更深入的了解，而为了实现这个目标，我以韦伊异常复杂的家庭关系和两次世界大战之间法国的社会历史情况为背景，突出描绘了她性格和思想的主要特征——禁欲，对精神纯洁与殉难的渴求，以及对控制与压迫的惊人洞察。

注 释

天才制造厂

[1] André Weil, *André Weil: The Apprenticeship of a Mathematician*, translated by Jennifer Gage (Basel/Boston/Berlin: Birkhäuser Verlag, 1992), p. 16.

[2] Jacques Cabaud, *Simone Weil: A Fellowship in Love* (Des Moines and New York: Channel Press, 1964), p. 19.

[3] Simone Pétrement, *Simone Weil: A Life*, translated by Raymond Rosenthal (New York: Pantheon, 1976), p. 7.

[4] Ibid., p. 13.

[5] Alexandre Alder and Bernard Cohen, *Juif et Juif* (Paris: Éditions Autrement,1985), p. 39.

[6] Ibid., p. 37.

[7] Gabriella Fiori, *Simone Weil: An Intellectual Biography*, translated by Joseph R. Berrigan (London and Athens: University of Georgia Press, 1989), p. 24.

[8] Ibid., p. 15.

[9] Ibid., p. 16.

[10] Ibid., p. 20.

[11] Ibid., p. 19.

[12] Simone Weil, *Waiting for God*, translated by Emma Craufurd (New York: Harper Perennial Library, 1951), p. 64.

[13] Pétrement, *A Life*, p. 28.

[14] Fiori, *An Intellectual Biography*, p. 26.

[15] Pétrement, *A Life*, p. 26.

大师的弟子

[1] Fiori, *An Intellectual Biography*，p. 28.

[2] Pétrement, *A Life*,p. 34.

[3] Fiori, *An Intellectual Biography*, p. 40.

[4] Pétrement, *A Life*, p. 45.

[5] Fiori, *An Intellectual Biography*, p. 58.

[6] Simone Pétrement, *La Vie de Simone Weil* (Paris: Librarie Arthème Fayard, 1973), p. 59 (hereafter referred to as "Pétrement, French edition").

[7] Ibid.，p. 60.

[8] Cabaud, *A Fellowship in Love*, p. 28.

[9] Registers of Lycé Henri IV, cited in Pétrement, *A Life*, pp. 41-42.

[10] Fiori, *An Intellectual Biography*, p. 38.

巴黎高师

[1] Simone de Beauvoir, *Memoirs of a Dutiful Daughter* (New York: Harper & Row, 1974), p. 243.

[2] Pétrement, *A Life*, p. 59.

[3] Fiori, *An Intellectual Biography*, pp. 57-58.

[4] All of Lecarpentier's citations are from ibid., p. 48.

[5] Fiori, *An Intellectual Biography*, pp. 41-42.

[6] Pétrement, *A Life*, p. 58.

[7] Fiori, *An Intellectual Biography*, p. 46.

[8] Ibid., p. 49.

[9] Pétrement, *A Life*, p. 69.

[10] Pétrement, French edition, p. 116.

[11] Ibid., p. 119.

[12] Ibid.

[13] Ibid., p. 70.

[14] Cabaud, *A Fellowship in Love*, p. 43.

斗争岁月

[1] David McLellan, *Simone Weil: Utopian Pessimist* (London: Macmillan, 1989), p. 39.

[2] Pétrement, *A Life*, p. 78.

[3] Simone Weil, "La Vie Syndicale: En marge du Comité d'études," *L'Effort*, December 19, 1931.

[4] Pétrement, *A Life*, p. 131.

[5] Ibid., p. 176.

[6] Ibid., p. 181.

[7] Ibid., p. 190.

[8] Ibid., p. 182.

[9] *Laure: Une Rupture*, edited by Jérôme Peignot, and Anne Roche (Paris: Éditions des Cendres, 1999).

[10] Simone Weil, *Oeuvres Complètes*, vol. 6 (Paris: Gallimard, 1994), p. 132.

[11] Ibid., p.138.

[12] Pétrement, *A Life*, p. 201.

[13] Ibid., p. 209.

[14] Georges Bataille, "La Victoire militaire et la banqueroute de la morale qui maudit," *Critique* 40 (September 1949), cited in Weil, *Oeuvres Complètes*, vol. 6, p. 1252.

[15] Simone Weil, *Oppression and Liberty*, translated by Arthur Wills (London: Routledge & Kegan Paul, 1958), pp. 75-76.

[16] Ibid., p. 69.

[17] Ibid., p. 85.

[18] Ibid., p. 124.

[19] Weil, *Oeuvres Complètes*, vol. 1 (Paris: Gallimard, 1991), p. 329, cited in McLellan, *Utopian Pessimist*, p. 91.

[20] Albert Camus, introduction to Weil, *Oeuvres Complètes*, vol. 1, p. 8.
[21] Pétrement, *A Life*, p. 205.
[22] Ibid., p. 213.

工厂经历

[1] Staughton Lynd, "The First New Left, and the Third," in *Simone Weil: Interpretations of a Life*, edited by George Abbott White (Amherst: University of Massachusetts Press, 1981), pp. 110-11.
[2] Simone Weil, *La Condition Ouvrière* (Paris: Gallimard, 1951), pp. 19-20.
[3] Ibid., p. 47.
[4] Ibid., p. 37.
[5] Ibid., p. 65.
[6] Ibid., p. 67.
[7] Ibid., p. 65.
[8] Ibid., p. 21.
[9] Ibid., p. 162.
[10] Ibid., p. 24.
[11] Ibid., p. 21.
[12] Ibid., p. 148.
[13] Ibid., p. 15.
[14] Ibid., p. 80.
[15] Ibid., p. 85.
[16] Ibid., p. 82.
[17] Ibid., p. 81.（emphasis Weil's）
[18] Ibid., p. 82.
[19] Ibid., p. 20.
[20] Ibid., p. 22.
[21] Ibid., p. 50.
[22] Ibid., p. 83.
[23] Ibid., p.148.
[24] Ibid., pp. 106-7.

[25] Ibid., pp. 166-67.

[26] Ibid., p. 86.

[27] Pétrement, *A Life*, p. 240.

[28] Weil, *La Condition Ouvrière*, pp. 89-90.

[29] Ibid., p. 99.

[30] Ibid., p. 92.

[31] Ibid., p. 96.

[32] Ibid., p. 104.

[33] Ibid., p. 98.

[34] Ibid., p. 24.

[35] Ibid., p. 55.

[36] Ibid., p. 21.

[37] Weil, *Waiting for God*, p. 66.

[38] Weil, *La Condition Ouvrière*, p. 16.

[39] Quoted in George Abbott White, editor, *Simone Weil: Interpretations of a Life* (Amherst: University of Massachusetts Press, 1981), p. 171.

[40] Weil, *La Condition Ouvrière*, p. 242.

[41] Ibid., pp. 215-16.

信仰萌芽

[1] Weil, *Waiting for God*, p. 67.

[2] Pétrement, *A Life*, p. 250.

[3] Ibid., p. 259.

[4] Ibid., p. 203.

[5] Ibid., p. 261.

[6] Ibid., p. 264.

[7] Weil, *La Condition Ouvrière*, pp. 169-70.

[8] McLellan, *Utopian Pessimist*, p. 120.

[9] Pétrement, *A Life*, p. 274.

[10] Simone Weil, *Oeuvres*, quarto edition (Paris: Gallimard, 1999), "Lettre à Georges Bernanos," p. 409.

[11] Pétrement, French edition, pp. 408-9.

[12] Plato's reference to the "Great Beast" ("*gros animal*" in Weil's translation from the Greek) occurs in book 6 of *The Republic*, Ⅱ.492-94.

[13] All these citations come from letters 1-3 from Simone Weil to Jean Posternak, written in 1937 and published in *Cahiers Simone Weil*, vol. X, no. 2 (June 1987).

[14] *Waiting for God*, pp. 67-68.

[15] McLellan, *Utopian Pessimist*, p. 133.

[16] Pétrement, French edition, pp. 467-68.

[17] Letter 5 to Jean Posternak, late March/early April 1938, published in *Cahiers Simone Weil*, vol. X, no. 2 (June 1987).

上帝与战争

[1] Pétrement, *A Life*, p. 329.

[2] Weil, *Waiting for God*, p. 68.

[3] McLellan, *Utopian Pessimist*, p. 137.

[4] Simone Weil, *Seventy Letters*, translated by Richard Rees (Oxford: Oxford University Press, 1965), p. 140.

[5] Ibid.

[6] Weil, *Waiting for God*, p. 69.

[7] Blaise Pascal, *Pensées*, edited by Léon Brunschvicg (Paris: Garnier-Flammarion, 1976), pp. 43-44. (Pascal's "Memorial," barely one page long, is the opening selection in most contemporary editions of the *Pensées*.)

[8] Pétrement, *A Life*, p. 329.

[9] Ibid., p. 326.

[10] Simone Weil, *Formative Writings, 1929-1941*, edited and translated by Dorothy Tuck McFarland and Wilhelmina Van Ness (London: Routledge & Kegan Paul, 1987), p. 265.

[11] Pétrement, *A Life*, p. 327.

[12] Ibid., p.337.

困难重重

[1] André Weil, *The Apprenticeship of a Mathematician*, p.126.

[2] Weil, *Oeuvres*, quarto edition, pp. 367-85.

[3] Simone Weil, *Notebooks*, vol. 2, translated by Arthur Wills (London: Routledge & Kegan Paul, 1956), p. 568.

[4] Weil, *Seventy Letters*, p.129.

[5] Weil, Waiting for God, p. 145.

[6] Jacques Cabaud, *Simone Weil à New York et à Londres: Les Quinze Derniers Mois (1942-1943)* (Paris: Librairie Plon, 1967), p. 29.

[7] André Maurois, "Tragédie en France"（New York: Éditions de la Maison Française, n.d.), p. 98

[8] Pétrement, French edition, p. 381.

[9] Weil, *Oeuvres*, quarto edition, pp. 671—80.

马赛

[1] Pétrement, *A Life*, pp. 391-92.

[2] Anna Freud, quoted in Robert Coles, *Simone Weil: A Modern Pilgrimage* (Reading, Mass.: Addison-Wesley, 1987), p. 58.

[3] Jean Améry, *At the Mind's Limits: Contemplations by a Survivor of Auschwitz and Its Realities* (Bloomington: Indiana University Press, 1980), p. 94.

[4] Pétrement, French edition, p. 530.

[5] Pétrement, *A Life*, p. 407.

[6] *Cahiers Simone Weil*, March-April 1986, pp. 1, 11.

[7] Pétrement, *A Life*, p. 422.

[8] *Cahiers Simone Weil*, vol. II, no. 4 (December 1979), p. 179, cited in McLellan, *Utopian Pessimist*, p. 173.

[9] Joseph-Marie Perrin and Gustave Thibon, *Simone Weil as We Knew Her* (London: Routledge & Kegan Paul, 1953), p. 124.

[10] Simone Weil, *Gravity and Grace*, translated by Emma Craufurd (New

York and London: Routledge Press, 1963), pp. vii-xxxvii.

[11] Pétrement, *A Life*, p. 426.

[12] Perrin and Thibon, *Simone Weil as We Knew Her*, p. 116.

[13] *Twentieth-Century Literary Criticism* vol. 23 (Detroit: Gale Publishing Co., 1987), p. 382.

[14] Pétrement, *A Life*, p. 435.

[15] Weil, *Waiting for God*, pp. 71-72.

[16] Pétrement, French edition, p. 589.

[17] Pétrement, *A Lifey*, p. 442.

[18] Weil, Oeuvres, quarto edition, pp. 973-74.

[19] Pétrement, *A Life*, p. 447.

[20] Weil, *Waiting for God*, pp. 43-51.

[21] Ibid., p. 55.

[22] *Cahiers Simone Weil*, March-April 1986.

[23] Pétrement, *A Life*, p. 457.

[24] Ibid., p. 470.

[25] Ibid., p. 474.

纽约

[1] Pétrement, *A Life*, p. 396.

[2] Ibid., p. 476.

[3] Ibid., p. 475.

[4] Ibid., p. 480.

[5] Cabaud, *Simone Weil à New York età Londres*, p. 35.

[6] Simone Weil, *First and Last Notebooks*, translated by Richard Rees (New York and Toronto: Oxford University Press, 1970), p. 144.

[7] Ibid., pp. 243-44.

[8] Pétrement, *A Life*, p. 478.

[9] Weil, *Seventy Letters*, p.157.

[10] Pétrement, French edition, p. 641.

[11] Weil, *Oeuvres*, quarto edition, pp. 985-1015.

[12] Pétrement, *A Life*, p. 489.

伦敦

[1] Pétrement, *A Life*, p. 511.

[2] Simone Weil, *The Need for Roots: Prelude to a Declaration of Duties Toward Mankind*, translated by Arthur Wills (New York: G. P. Putnam's Sons，1952)，pp. 4-5.

[3] Ibid., p. 26.

[4] Weil, *Waiting for God*, p. 97.

[5] See Conor Cruise O'Brien, Weil entry in *Twentieth-Century Literary Criticism*, vol. 23, pp. 398-401.

[6] Pétrement, *A Life*, p. 510.

[7] Ibid., p. 509.

[8] Ibid., p. 518.

[9] Weil, *Seventy Letters*, p. 177.

[10] Cabaud, *A Fellowship in Love*, p. 340; McLellan, *Utopian Pessimist*, pp. 262-63; Pétrement, *A Life*, p. 523.

[11] Pétrement, *A Life*, p. 531.

[12] Ibid., p. 535.

[13] Well, *First and Last Notebooks*, pp. 361-62.

[14] Ibid., p. 364.

[15] Ibid., p. 286.

[16] Pétrement, *A Life*, p. 537.

[17] Author's conversation with Simone Weil's niece, Sylvie Weil, New York City, April 2000.

神秘天父

[1] Weil, *Gravity and Grace*, p. 33.

[2] Ibid., p. 24.

[3] Ibid., p. 27.

[4] Ibid., p. 82.

[5] Ibid., p. 47.

[6] Weil, *Waiting for God*, p. 83.

[7] Weil, *Gravity and Grace*,p. 10.

[8] Ibid., p. 132.

[9] Ibid., p. 49.

[10] Ibid., p. 15.

[11] Ibid., p. 19.

[12] Weil, *Waiting for God*, p. 212.

[13] Ibid., p. 138.

[14] Ibid., p. 144.

[15] Ibid., p. 143.

[16] Ibid., p. 184.

[17] Ibid., p. 165.

[18] Ibid., pp. 168-69.

[19] Ibid., p. 121.

[20] Ibid., p. 132.

[21] Weil, *Gravity and Grace*, p. 106.

[22] Weil, *Waiting for God*, p. 196.

[23] Ibid., pp. 194-95.

[24] Weil, *Gravity and Grace*, p. 136.

[25] Weil, *Waiting for God*, p. 166.

[26] Ibid., pp. 163-64.

[27] Ibid., p.93.

[28] Ibid., p. 210. (I've taken particularly extensive liberties in correcting syntactical infelicities in this passage of the Harper Perennial Library edition.)

[29] Ibid., pp. 199-200.

[30] T. S. Eliot, preface to Weil, *The Need for Roots* (New York: G. P. Putnam's Sons, 1952), pp. v-xii.

[31] Gabriel Marcel, "Simone Weil," *The Month* 2, no. 1 (July 1949), p. 18.

[32] Graham Greene, *Collected Essays* (New York: Viking Press, 1969), p. 375.

[33] Leslie Fiedler, introduction to Weil, *Waiting for God* (New York: G. P. Putnam's Sons, 1951), p. 3.

[34] Alfred Kazin, *The Inmost Leaf: A Selection of Essays* (New York: Harcourt Brace Jovanovich, 1955), pp. 208-13.

[35] See Kenneth Rexroth, Weil entry in *Twentieth-Century Literary Criticism*, vol. 23, p. 382.

[36] Hans Meyeihoff, "Contra Simone Weil: The Voice of Demons for the Silence of God," in *Arguments and Doctrines: A Reader of Jewish Thinking in the Aftermath of the Holocaust*, edited by Arthur A. Cohen (New York: Harper & Row, 1970), pp. 70-85.

[37] Czeslaw Milosz, *Emperor of the Earth: Modes of Eccentric Vision* (Berkeley: University of California Press, 1977), pp. 85-98.

[38] Conor Cruise O'Brien, "The Anti-Politics of Simone Weil," *New York Review of Books*, May 12, 1977, pp. 23-28.

[39] Susan Sontag, *Against Inierpnetation* (New York: Farrar, Straus & Giroux and Dell Publishing Co., 1961), pp. 58-59.

[40] Weil, *Cahiers*, vol. 3 (Paris: Plon, 1970-74), pp. 291-92.

参考书目

西蒙娜·韦伊的作品

Attente de Dieu. Paris: Editions du Vieux-Colombier,1950.

Cahiers, 3 vols. Paris: Plon, 1970–74.

La Condition Ouvrière. Collection Espoir, dirigée par Albert Camus. Paris: Gallimard, 1951.

First and Last Notebooks. Translated by Richard Rees. New York/ Toronto: Oxford University Press, 1970.

Formative Writings, 1929-1941. Edited and translated by Dorothy Tuck McFarland and Wilhelmina Van Ness. London: Routledge & Kegan Paul, 1987.

Gravity and Grace. Translated by Emma Craufurd. New York/London: Routledge Press, 1963.

Intimations of Christianity Among the Ancient Greeks.Translator unnamed. New York/London: Routledge Press, 1998.

Lectures on Philosophy. Translated by Hugh Price and introduced by Peter Winch. Cambridge, England: Cambridge University Press, 1978.

The Need for Roots: Prelude to a Declaration of Duties Toward Mankind. Translated by Arthur Wills. New York: G. P. Putnam's Sons, 1952.

Notebooks. Translated from the French by Arthur Wills. 2 vols. London: Routledge & Kegan Paul, 1956.

Oeuvres. Quarto edition. Sous la direction de Florence de Lussy. Paris: Gallimard, 1999.

Oeuvres Complètes. Sous la direction d'André A. Devaux et de Florence de Lussy. Paris: Gallimard, 1991–2000.

Oppression and Liberty. Translated by Arthur Wills. London: Routledge & Kegan Paul, 1958.

Oppression et Liberté. Paris: Gallimard, 1955.

La Pesanteur et la Grâce. Paris: Plon, 1948.

Selected Essays, 1934-1943. Translated by Richard Rees. Oxford: Oxford University Press, 1962.

Seventy Letters. Translated by Richard Rees. Oxford: Oxford University Press, 1965.

Simone Weil: An Anthology. Edited by Siân Miles. New York: Weidenfeld & Nicolson, 1986.

The Simone Weil Reader. Edited by George A. Panichas. Wakefield, R.I./

London: Moyer Bell Limited, 1977.

Waiting for God. Translated by Emma Craufurd. New York: G. P. Putnam's Sons, 1951.

关于西蒙娜・韦伊的作品

Allen, Diogenes. *Three Outsiders: Pascal, Kierkegaard, Simone Weil*. New York: Cowley Publications, 1983.

Brenner, Rachel Feldhay. *Writing as Resistance : Four Women Confronting the Holocaust: Edith Stein, Simone Weil, Anne Frank, Etty Hillesum*. University Park: Pennsylvania State University Press, 1997.

Breuck, Katherine T. *The Redemption of Tragedy: The Literary Vision of Simone Weil*. Albany: State University of New York Press, 1995.

Cabaud, Jacques. *Simone Weil: A Fellowship in Love*. Des Moines/New York: Channel Press, 1964.

——. *Simone Weil à New York et à Londres: Les Quinze Derniers Mois (1942-1943)*. Paris: Librairie Plon, 1967.

Cohen, Arthur A., ed. *Arguments and Doctrines: A Reader of Jewish Thinking in the Aftermath of the Holocaust*. New York: Harper & Row, 1970.

Coles, Robert. *Simone Weil: A Modern Pilgrimage*. Reading, Mass.: Addison–Wesley, 1987.

Dargan, Joan. *Simone Weil: Thinking Poetically*. Albany: State University of New York Press, 1999.

Debidour, V. H. *Simone Weil, ou la transparence*. Paris: Librairie Plon, 1963.

Dunaway, John M. *Simone Weil*. Boston: Twayne Publishers, 1984.

Dunaway, John M., and Eric 0. Springsted, eds. *The Beauty That Saves: Essays on Aesthetics and Language in Simone Weil*. Macon, Ga.: Mercer University Press, 1996.

Finch, Henry Leroy. *Simone Weil and the Intellect of Grace*. New York: Continuum Publishing Company, 1999.

Fiori, Gabriella. *Simone Weil: Biografia di un pensiero*. Milan: Garzanti Editore, 1981.

——. *Simone Weil: An Intellectual Biography*. Translated by Joseph R. Berrigan, Athens/London: University of Georgia Press, 1989.

——. *Simone Weil: Une Femme Absolue*. Paris: Éditions du Félin,1993.

Greene, Graham. *Collected Essays*. New York: Viking Press, 1969.

Hourdin, Georges. *Simone Weil*. Paris: Éditions La Découverte, 1989.

Jacquier, Charles, ed. *Simone Weil, l'expérience de la vie et le travail de la pensée*. Arles: Éditions Sulliver, 1998.

Kazin, Alfred. *The Inmost Leaf: A Selection of Essays*. New York: Harcourt Brace Jovanovich, 1955.

McLellan, David. *Simone Weil: Utopian Pessimist*. London: Macmillan Press, 1989.

Milosz, Czeslaw. *Emperor of the Earth: Modes of Eccentric Vision*. Berkeley: University of California Press, 1977.

Nevin, Thomas R. *Simone Weil: Portrait of a Self-Hating Jew*. Chapel Hill: University of North Carolina Press, 1991.

Oxenhandler, Neal. *Looking for Heroes in Postwar France: Albert Camus, Max Jacob, Simone Weil*. Hanover, N.H./London: University Press of New England, 1996.

Perrin, Joseph–Marie, and Gustave Thibon. *Simone Weil as We Knew Her*. London: Routledge & Kegan Paul, 1953.

Pétrement, Simone. *La Vie de Simone Weil*. Paris: Librairie Arthème Fayard, 1973.

——. *Simone Weil: A Life*. Translated by Raymond Rosenthal. New York: Pantheon Books, 1976.

Piccard, E. *Simone Weil: Essai Biographique et Critique*. Paris: Presses Universitaires de France, 1960.

Plant, Stephen. *Simone Weil*. Liguori, Miss.: Triumph Books, 1996.

Saint-Robert, Phillipe de. *La Vision Tragique de Simone Weil*. Paris: François-Xavier de Guibert, 1999.

Sontag, Susan. *Against Interpretation*. New York: Farrar, Straus & Giroux and Dell Publishing Co., 1961.

Tomlin, E. W. F. *Simone Weil*. New Haven, Conn.: Yale University Press, 1954.

Twentieth-Century Literary Criticism. Vol. 23, pp. 363– 405. Detroit: Gale Research Company, 1987.

White, George Abbott, ed. *Simone Weil: Interpretations of a Life*. Amherst: University of Massachusetts Press, 1981.

Winch, Peter. *Simone Weil: The Just Balance*. Cambridge and New York: Cambridge University Press, 1989.

背景

Alder, Alexandre, and Bernard Cohen. *Juif et Juif*. Paris: Éditions Autrement, 1985.

Améry, Jean. *At the Mind's Limits: Contemplations by a Survivor of Auschwitz and Its Realities*. Bloomington: Indiana University Press, 1980.

Aron, Raymond. *The Opium of the Intellectuals.* Garden Gity, M.Y.: Doubleday, 1957.

de Beauvoir, Simone. *Memoirs of a Dutiful Daughter*. New York: Harper & Row, 1974.

Bell, Rudolph M. *Holy Anorexia*. Chicago/London: University of Chicago Press, 1985.

Bloch, Marc. *The Strange Defeat*. New York: W. W. Norton, 1999.

Counihan, Carole M. *The Anthropology of Food and Body: Gender, Meaning, and Power*. New York/London: Routledge, 1999.

Finkielkraut, Alain. *Le Mécontemporain: Péguy, lecteur du monde moderne*. Paris: Éditions Gallimard, 1991.

Glück, Louise. *Proofs and Theories*. New York: Ecco Press, 1994.

Hughes, H. Stuart. *The Obstructed Path: French Social Thought in the Years of Desperation, 1930-1960*. Evanston, Ill./New York: Harper & Row, 1968.

Judt, Tony. *The Burden of Responsibility: Blum, Camus, Aron, and the French Twentieth Century*. Chicago/London: University of Chicago Press, 1997.

Kaplan, Louise J. *Adolescence: The Farewell to Childhood*. New York: Simon & Schuster, 1987.

Kelly, Michael. *Modern French Marxism*. Baltimore: Johns Hopkins University Press, 1982.

Maître, Jacques. *Anorexies Religieuses et Anorexie Mentale: Essai de psychanalyse sociohistorique de Marie de l'Incarnation à Simone Weil*. Paris: Éditions du Cerf, 2000.

Maurois, André. *Tragédie en France*. New York: Éditions de la Maison Française, n.d.

Micaud, Charles A. *Communism and the French Left*. New York: Frederick A. Praeger, 1963.

Noguères, Henri. *La Vie quotidienne au temps du Front populaire, 1935-1938*. Paris: Hachette, 1977.

Ory, Pascal, and Jean-François Sirinelli. *Les Intellectuels en France, de l'Affair Dreyfus à nos jours*. Paris: Armand Colin, 1986.

Pascal, Blaise. *Pensées*. Edited by Léon Brunschvicg. Paris: Garnier-Flammarion, 1976.

Peignot, Jérôme, and Anne Roche, eds. *Laure: Une Rupture*. Paris: Éditions des Cendres, 1999.

Roche, Anne. *Boris Souvarine et La Critique Sociale*. Paris: Éditions La Découverte, 1990.

Touchard, Jean. *La gauche en France depuis 1990*. Paris: Éditions du Seuil, 1977.

Weil, André. *André Weil: The Apprenticeship of a Mathematician*. Translated by Jennifer Gage. Basel/Boston/Berlin: Birkhäuser Verlag, 1992.

学术期刊文章

Cahiers Simone Weil. Published by the Association for the Study of Simone Weil's Thought, Passy, France, 1978–.

Horgan, John. "The Last Universal Mathematician." *Scientific American*, June 1994, pp. 33–34.

Julliard, Jacques. "La Trollesse de Dieu." *Nouvel Observateur*, May 13–19, 1999.

Marcel, Gabriel. "Simone Weil." *The Month* 2, no. 1 (July 1949), p. 18.

O'Brien, Conor Cruise. "The Anti-Politics of Simone Weil." *New York Review of Books*, May 12, 1977.

Pirruccello, Ann. "Interpreting Simone Weil: Presence and Absence in Attention." *Philosophy East and West* 45, no. 1 (January 1995), pp.61–74.

企鹅人生

Penguin Lives

乔伊斯	[爱尔兰] 埃德娜·奥布赖恩　著
简·奥斯丁	[加] 卡罗尔·希尔兹　著
佛陀	[英] 凯伦·阿姆斯特朗　著
马塞尔·普鲁斯特	[美] 爱德蒙·怀特　著
伍尔夫	[英] 奈杰尔·尼科尔森　著
莫扎特	[美] 彼得·盖伊　著
安迪·沃霍尔	[美] 韦恩·克斯坦鲍姆　著
达·芬奇	[美] 舍温·努兰　著
猫王	[美] 鲍比·安·梅森　著
圣女贞德	[美] 玛丽·戈登　著
温斯顿·丘吉尔	[英] 约翰·基根　著
亚伯拉罕·林肯	[澳] 托马斯·基尼利　著
马丁·路德·金	[美] 马歇尔·弗拉迪　著
查尔斯·狄更斯	[美] 简·斯迈利　著
但丁	[美] R. W. B. 刘易斯　著
西蒙娜·韦伊	[美] 弗朗辛·杜·普莱西克斯·格雷　著
圣奥古斯丁	[美] 加里·威尔斯　著
拿破仑	[英] 保罗·约翰逊　著
朱莉娅·蔡尔德	[美] 劳拉·夏皮罗　著
弗兰克·劳埃德·赖特	[美] 阿达·路易丝·赫克斯塔布尔　著

A Lipper / Penguin Book

图书在版编目（CIP）数据

西蒙娜·韦伊 /（美）弗朗辛·杜·普莱西克斯·格雷著；韩红梅译 .—北京：生活·读书·新知三联书店，2017.9
（企鹅人生）
ISBN 978-7-108-05997-0

Ⅰ.①西… Ⅱ.①弗… ②韩…
Ⅲ.①韦伊（Weil,Simone 1909-1943）—传记
Ⅳ.① B565.59

中国版本图书馆 CIP 数据核字（2017）第 130566 号

总 译 审　胡允桓
策划编辑　刘　靖
责任编辑　颜　筝
特约编辑　王怡翾　赵　轩
装帧设计　蔡立国　索　迪
版式设计　薛　宇
封面版画　袁亚威
责任印制　宋　家
出版发行　生活·讀書·新知 三联书店
　　　　　北京市东城区美术馆东街 22 号
邮　　编　100010
网　　址　www.sdxjpc.com
图　　字　01-2017-4928
经　　销　新华书店
印　　刷　北京市松源印刷有限公司
版　　次　2017 年 9 月北京第 1 版
　　　　　2017 年 9 月北京第 1 次印刷
开　　本　787 毫米 ×1092 毫米 1/32
字　　数　157 千字　　印张 10.25
印　　数　0,001—8,000 册
定　　价　42.00 元

印装查询：010-64002715
邮购查询：010-84010542